集英社

武田砂鉄

マチズモを削り取れ

目次

装丁　寄藤文平＋古屋郁美（文平銀座）

マチズモを削り取れ

一章

自由に歩かせない男

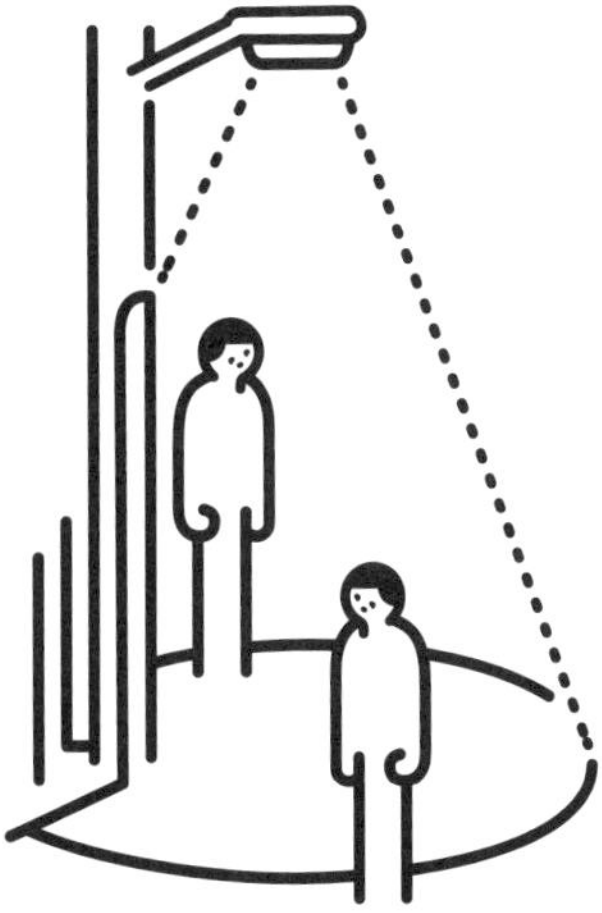

男、めっちゃ有利なのだ

しつこいほどにお土産屋が軒を連ねるアーケードに入り、お土産屋を出ては、次のお土産屋に入る、を繰り返しているうちに、みんなとはぐれてしまう。一体、みんな、どこの店にいるのだろう。ここにいそうだ、と入ったお土産屋に誰もいない。石垣島のお土産屋ではやっぱりシーサーが前面に押し出されていて、当然この場には馴染《なじ》んでいるが、東京の自宅に戻った途端に、この存在が自己主張強めをキープしたまま浮いてしまうと想像できるので、もちろん買わない。いやそれでもまだシーサー、という強気の姿勢を貫いてくる。コミカルな表情のシーサーが型押しされたコースターと目が合う。赤と青のコースターがあり、それぞれにこのようなシールが貼られていた。

赤いコースター　→「親子シーサー　お母さん　福を呼ぶ」
青いコースター　→「親子シーサー　お父さん　福を逃さない」

本書は、このコースターの文言にある、何気ない差異を探るようなものになる。シーサーの守り神としての本来的な存在意義はひとまず傍《かたわら》に置き、「お母さん」に「福を呼ぶ」、「お父さん」に「福を逃さない」、という表現がそれぞれポップにあてがわれた結果が、どんなことを示唆しうるのかをわざわざ考え込んでみたい。

福を呼ぶ、ということは、「お母さん」には、自分の内側に足りていない「福」を誰かから、どこかから、呼んでくるという役割が与えられているのだろうか。

それに対し、「お父さん」には、あらかじめ備蓄されている「福」をこのまま逃さず捉えておく役割が与えられているのだろうか。あるいは、手に届くところにすでに福があり、その福を逃さないようにするというのだろうか。なぜ、お母さんは福を探す段階で、お父さんは福を自分のものとして守る段階にあるのだろう。

お母さんに求められているのは、外在している福を自分のものとして取得する行為。福は外でゲットしてこい。自ら発生させることはできないのだろうか。お父さんには、福が内在している。もしくは、もう目の前にある。どこかで取得してきたものか、自ら発生させたのかは知らないが、福との距離が近い。福が常備されているのは男だから、福を探す女は、男から福をお裾分けされるのを望めということだろうか。考えすぎだと感じる人もいるだろう。でも、本書は基本的に、ずっとこんな感じだ。考えすぎないから、いまだにこんな感じなんだと思う。この本は、考えすぎてみよう、という本だ。

男女の雇用環境が均等ではないから、男女雇用機会均等法が生まれる。男女共に輝いていないから「女性が輝く社会」が謳《うた》われる。社会のシステムを築き上げ、拡張させているのがやっぱり男性だからこそ、女性は補足的役割を押し付けられる。均等にしよう、輝かそうと、男性が立ち上がる素振りを見せる。立ち上がろうとする男性の筋力が、早速、均等や輝きを遠ざけることも多くある。この世の中の「福」の在り処を、不均衡を、私も知っている。日々、体感している。男、めっちゃ有利なのだ。男、めっちゃ優位なのだ。福を専有してきた。福を失うのが怖いから、フェミニズムを嫌う。怖がる。あるいは嗤《わら》う。どうにかして、あんなものは一部の人たちが盛り上がっているだけだ、と片付けたがる。そもそも、男/女の二元論ではなく、性的マイノリティについても考えなくてはいけないよね、と話を展開させると、あーそっちの話かと、面倒くさがる。そして、こっちの問題のほうが重要でしょう、と別のところから何かを持ってくる。うん、大事な問題だけど、こっちのほうが大事だよと言い始める。なぜ、どれも大事とは考えないのだろう。

財務省の事務次官による、女性記者に対するセクハラが発覚するも、そのつもりはなかったと逃げ回っている中、野党議員は国会内で #MeToo と書かれたプラカードを掲げた。当然、男性議員もいたが、その中に柚木道義《ゆのきみちよし》を見つけた作家・百田尚樹《ひゃくたなおき》は、このようにツイートしてみせた(ふりがなは編集部による。以降の引用箇所も同)。

ところで、なんで柚木が「Me Too」のプラカード持ってるの？／もしかして枝◯にケツでも掘られたか？はたまた福◯に舐《な》められたか？／ならMe Too運動の資格ありや。

（二〇一八年四月二三日）

この愚劣なツイートが晒《さら》す、絶望的な理解不足は、男がいかにして特権性を保持し、あぐらをかいたままでいるかを明らかにしてくれる。

・彼は、セクハラを、女性だけの問題だと思っている。
・彼は、性差別を訴える女性に男性が賛同することを「なんで」と疑問に思っている。
・彼は、「ケツでも掘られた」り、「舐められた」りしたときに初めて #MeToo 運動に参加する資格が生まれるのだと思っている。

むろん、双方が同意の上で、ケツを掘ったり掘られたり舐めたり舐められたりしている分には一向に構わない。しかし、彼が「Me Too 運動の資格」と言うからには、この掘られたり舐められたりしているのはどうやら枝◯や福◯による、同意のない一方的な行為ということなのだろうから、その場合、これは強制わいせつに該当する。#MeToo 運動の資格の有無にとどまる話ではない。

読者の多くは今、こう思っているかもしれない。こんな作家の妄言などわざわざ考察しなくていいのではないかと。堂々巡りになるけれど、問いたい。なぜ、そのままにしておけるのだろう。男、めっちゃ有利なのだ。男、めっちゃ優位なのだ。あらかじめ優位なのだから、男はそのまま放置してもらえばめっちゃ助かる。これまで通りに身動きできる。とぼけてうやむやにしたり、取るに足らないことだと笑ったり、怒ってかき消したりできる。生活のあちこちに転がる、ミニマムに感じられるかもしれないマチズモを放置していてはいけない。「男性らしさ」などと、抽象的な説明で語られることの多い「マチズモ」だが、本書では、この社会で男性が優位でいられる構図や、それを守り、強制するための言動の総称として話を進めていく。この言葉が捉える部分は、論を重ねる中で膨らむことはあっても、萎《しぼ》むことはないだろう。男は「福」を専有し、飼い馴らしてきた。女は男の「福」をお裾分けされてきた。それを維持しようとする働きを放置してはいけない。もちろん、男、女の区分けにあてはまらない人たちのことも知りたいし、考えていく。様々な場面にこびりついているマチズモを細かく削り取り、追及していきたい。

歩くことの恐怖

本書では、特定の場面や状態に残存するマチズモについて、事細かに考察していく。毎章、一つのテーマを設けることにするが、ある縛りの中で議論を展開させていく。その縛りとは、「Kさんがテーマを設け、それについて感じるKさんの怒りを聞き取り、そのKさんの怒りを引き受けて、街へ出て、考察を重ねる」というもの。

Kさんとは誰か。本書のもとになった原稿を連載していた雑誌『すばる』の担当編集者であり、本書の担当者でもある。Kさんは、このクソッタレな、そしてクソッタレなままちっとも動こうとしない男性優位社会にいつも怒っている女性で、たとえば先日のメールには「今日、『ジジイジジイ』と職場でデカい声で怒っていたら、『さすがにその呼び方はダメ』と偉い人に怒られました。反省はしてません」とある。ジジイジジイとデカい声で怒っていたら怒られてしまったのに、反省していないというのだから、この人は信頼できる。Kさんが何歳なのか知らないし、別に何歳でもいいのだが、おそらく自分よりはそれなりに下で、二〇代なのだと思う。

この世の中は、オジさんが若い女子に教えてあげるという構図に溢《あふ》れている。選挙権を得られる年齢が一八歳に下がったと聞けば、朝日新聞は、男性論客らが女性アイドルに政治や憲法のイロハを教える構図の記事を作った。このようにして毎日のように提供される「いつもの構図」をひっくり返しながら進めたい。Kさんの苛立ちを、苛立ちの芽生えを、武田が検証していくスタイルをとる。マチズモに対する積年の苛立ちを聞き取り、ともすればマチズモの主体になりかねない自分が対峙していく。フェミニズムの歴史を語る上で大切なスローガン「個人的なことは政治的なこと」をふまえ、「福」を専有してきたマチズモを、より近くで個人的に考察していく。

一章は「自由に歩かせない男」。Kさんから檄文《げきぶん》が届く。

原初的なことなのですが、ただ街を歩くだけでも、抱えている恐怖が男女間で異なるように思います。いつからか、夜道は五歩ほど歩いたらまず振り返り、周りを確認するようになりました。田舎から大都市・東京に出てきて、一人で歩いていて男性とすれ違うときに、道を譲ってもらえることはなかなかないということに気づき、「超ハードモード」（視線をたどり着きたい方向にピッと合わせ、周りへの配慮の視線を捨て、ただわが道を突き進むモード）に切り替えて歩かないと、うまく人混みを歩いて渡れないことにも気づきました。でも、よく考えてみると、このモードって、多くの男性の歩き方そのものなんじゃ

ないか。つまり私は、彼らの歩き方を模倣しないことには思うように歩行できないのか、と呆然とします。あと、繰り返しになりますが、夜道って、本当に怖いんです。自意識過剰と思われてもいい、何度も後ろを振り返ります。

二〇一八年五月、JR新宿駅の構内を歩く女性に向かって、次々と体をぶつけていく男性の様子を捉えた動画が拡散され、怒りの声と共に、多くの女性から、自分にも同様の経験があるとの声が上がった。混雑する駅構内では、向かってくる人の性質を瞬時に見分けつつ、自分の体の動きを決める。見分けるための材料は、性別・年齢・図体・表情が基本となるだろうか。この四項目において優位に立ちやすいのは、それぞれ、女性よりも男性・年少者よりも年長者・小さいよりも大きい・柔和よりも顰《しか》めっ面だ。

通勤ラッシュの時間帯に駅に出向き、構内の壁と一体化するかのように一点に佇《たたず》み、行き交う人びとを見やる。たちまち、男性・年長者・大きい・顰めっ面の優位性を確認することができる。男の人も女の人も人を避《よ》けまくっているが、避けていないように見える人は予想通り男ばかりだ。構内の人の流れが←→とキレイに整理されることはない。自分の眼前に広がる人間の動きを矢印で表すならば、←↘→↖→↙←といった具合。こういう状況では、誰かが最短距離で歩き、その横に、細かな迂回を余儀なくされている人がいる。最短距離で歩いている男は、もしここで一分遅れて俺の仕事に支障が出ると世界が困る、と言わんばかりの勢いで直進、向かってくるそれぞれが避けている。世界が困る前に、今、ズンズン進むキミにみんなが困っているのだ。避けた先に直進男、避けてもまた直進男がやってくると、避けるほうは→と真っすぐ進みたいのに↘↘↘と横へ逸《そ》れ、次に↗↗↗と方向を修正していかなければならない。↘と↗を小刻みに繰り返しながら、できるだけ真っすぐ進む人も多い。フェイントをかけながらドリブルをするサッカー選手のようだ。数十分張り込んでみたが、自分が歩けば道が開けるという態度で歩いてくる人はもれなく男性だった。例外が見当たらない。当方は身長が一八五センチほどあり、けっして細身の体型でもないので、初見の人間からはそれなりに威圧的に見えるらしい。そういった自分が混雑する構内を歩くと、基本的に人は自分のことを避けようとする。直進男と一緒くたにされないがための言い訳でもないが、自分は「↘と↗を反復してできるだけ真っすぐ進む」タイプである。だがむしろ、オマエのような人物は直進し、流れの中心を作れと要請されているようにも感じる。オマエが軸となれ、その周囲で動くから、との要請。図体のデカいオマエのような存在に右往左往されてしまうと、全体の流れがますます乱れてしまう。

　誰もが円滑な移動を目指したがっている構内において、最短距離を許される人間を作り出すことによって、残された人たちが残されたなりに円滑な移動を目指す。実際に、最短距離を許された男としての所作を強行してみる。体の中に、相当高圧的な気持ちを用意し続けなければならない。おい、そこの女、避けろよ。子ども、もっと速く歩けよ。老人なんだから、隅っこを歩けよ。何が何でも自分のコースを譲らない、との強い意志がなければ、直進を敢行することはできない。数秒ごとに、直進への障壁がやってくる。自発的に道を空けてもらうためには、たとえ接触されてでもこちらからは体を動かさないようにしよう、と固く決意しなければならない。肩と肩がぶつかって小競り合い、というしょうもない揉め事を一度くらい見かけたことがあるだろうが、あれは、彼らにしてみれば、しょうもないのではなく、意志と意志が頑《かたく》なにぶつかっているのだ。プライドとプライドがぶつかった「絶対に負けられない戦い」なのだ。男としてのプライドが力強く発散されているから、たちまち双方がキレるのである。くだらない戦いだ。

公共の場を歩く権利

ネットで拡散された、新宿駅構内の動画を事細かにチェックしてみる。

白いTシャツ、八分丈の黒のパンツ、リュックサックを背負った男の後ろ姿が収められている。身長は一七〇センチ台後半、年齢は二〇~三〇代といったところか。壁から数メートルのところをずんずん歩いている男は、まず、向かいから壁沿いに歩いてきた女性二人組を見つけ、歩く向きを→から↗に切り替え、壁との距離を狭めていく。歩く方向を切り替えてから三歩目には女性の肩に強くぶつかっている。たった三歩だから、ぶつけられた女性は、彼が恣意的に自分を狙ったとは感じていない可能性が高い。驚きつつも、瞬時に常態を取り戻している。映像を見れば恣意的に近づいているとわかるが、その場で「ねえ、わざとぶつかったでしょ！」と抗議し立証することは難しい。この混雑の中で、急遽、歩く向きを→から↗に切り替えることは珍しくない。無規則に動き回る人間たちの中で一人大声をあげれば、そうやって異議申し立てをする人間が瞬間的にクレーマー化するという苦難が待ち受ける。

ぶつかった男はもちろん、己の優位性を知っている。だから、行為を連発する。男はそのまま前進し、一人でやってきた女性を見つけては、壁との間に一人だけ通れるかどうかの幅を作り、すれ違い様にその間隔を狭め、肩をぶつける。さらに前進した男は、同じ方向に向かって歩く女性の左肩を後ろから突く。続いて、左方から歩いてきた女性に通りすがりのタイミングで右肩をぶつけようと体をせり出すものの、女性の隣に彼氏と思《おぼ》しき男性がいることを確認し、ヒョイッと体を逸らす。その回避は極めて俊敏だ。右側に傾いた体の向きを一気に左側に持っていき、天才ドリブラーがディフェンスをかわすように、空いたスペースに体を持っていく。そのまま女性にぶつかり、連れの男性から物申された場合のリスクを感知したのだろうか。自分に抵抗してくる可能性の低い女性だけを瞬時に選び抜いている。その先でも、背後から女性に右肩をぶつけて歩き去る様子が確認できる。YouTube に投稿されている動画に対し、男性を糾弾するコメントが複数寄せられているが、このようなコメントが続いている（傍点引用者。また、改行は引用者が調整）。

見たけど明らかに女性の人だけにぶつかって居ますね。考えるのは2つです。／その日その若者は上司に怒られたか！（男の人にぶつかると自分も殴られる可能性が有るから器の小さな若者）／新手な変態か！（わざと女性の胸に肘を当てに行っているか！　背中の女性にはぶつかって居ないと思われると思います。）／とにかくこういう奴が居るからまともな男の人も嫌な目で見られると思います。とにかく器の小さな若者です。

下っ端でこき扱われてるからストレス発散か……弱い者しか相手出来ない実は小心者か……こういう歩き方の人って若干頭狂ってる方向あるよな。

まったく不思議なのは、いくつかのコメントで、なぜ彼がこういう行為に及んだかの理由が推察されている点だ。こういう行為に及びたくなる理由があったのだろう、と想像し、理由を決めた上で怒っている。容疑者が取調室で「むしゃくしゃしていた」と述べたとニュースで頻繁に聞くが、人は皆、少なからずむしゃくしゃしているものである。温厚な人は、むしゃくしゃの管理がなんとか上手くいっているだけで、むしゃくしゃしていないわけではない。彼が、上司に怒られたり、下っ端でこき使われているから、公共の場で我を爆発させたとする分析は、彼の行動を叩いているようでいて、心情面で一定の理解を示すことにもつながりかねない。こういった条件が揃っているから彼はキレた、との分析。あの場で女性に向かって次々とぶつかっていくことが許される条件などあるはずがない。

仮に、仕事でのストレスが公共空間での暴発を生んだとする説に付き合うならば、むしろ女性こそがキレる権利を有するべきだろう。この日本社会、下っ端でこき使われているのは誰なのか。厚生労働省が発表した「平成29年（二〇一七年）賃金構造基本統計調査の概況」を見てみよう。出てくる賃金はいずれも月額。このようにある。

男性では、年齢階級が高くなるとともに賃金も上昇し、50～54歳で424・0千円（20～24歳の賃金を100とすると201・4）と賃金がピークとなり、その後下降している。女性も50～54歳の270・0千円（同133・3）がピークとなっているが、男性に比べ、賃金カーブは緩やかとなっている。

男で一番稼げる年代は、五〇代前半で月額四二万円。それは、二〇代前半に比べて約二倍。女で一番稼げる年代も、五〇代前半で月額二七万円。それは、二〇代前半に比べて約一・三倍。

この賃金カーブは男性に比べて緩やかとの形容で済まされる差とは思えない。女性がもっとも稼ぐ二七万円に男性が到達するのは、「25〜29歳＝248・1千円」「30〜34歳＝289・0千円」の間、つまり、新宿駅構内でぶつかりながら歩いたあの男くらいの年齢だ。「下っ端でこき扱《ママ》われてるからストレス発散」したくなるのは女性のほうだ。これからずっと働いても、最高額は今のオマエになってしまう。こんなコメントも目に入る。

この男は悪いが女性専用車両には男性にわざとぶつかったりする女が結構いる。女だってわざと男にぶつかったりしてるんだからこういう男が出てきても不思議ではない。

反吐《へど》が出る。反吐を出して、次に進む。東武鉄道の一部路線では、車内の液晶モニターにこのような表示が出ると知った。

駅や車内でベビーカーをご利用になるお客さまは周りのお客さまに配慮し、十分ご注意ください。

ベビーカーを利用する客は、周りの客に配慮せよ、十分注意せよ、という。車内だけではなく、駅でもヨロシクな、という。米俵を背負い、他の荷物で両手が塞がった人を見て、配慮せよ、注意せよと言うだろうか。配慮し、注意するのは、こちらのほうだ。ただ重いだけの米俵と違い、赤子はよく動き、よく泣き、時たま静まる。どう転がるか読めない存在を抱えながら公共の空間にいるのだから、米俵のほうが容易だ。だが、鉄道会社は、赤子のためにベビーカーを利用している客は、配慮せよ、注意せよという。

英語表記もある。

Please handle strollers with care and pay attention to others.

これを直訳すると、「ベビーカーは慎重に扱い、他の客に注意してください」となる。さほど意味は変わらないが、バカ丁寧な日本語に含ませた押しつけがない。ベビーカーを慎重に扱うのなんて当然のこと。ドアに挟まれたり、段差に引っかかって赤子に衝撃が加わったりするようなことがあってはならない。慎重に扱いつつ、他の客に注意するのも当然。あそこに人がいると知らずにベビーカーを動かしたら、ぶつかってしまうのだから。ただし、頭を下げた駅員のイラストの横にある日本語では、ベビーカーの扱いよりも「ベビーカーをご利用になるお客さま」に重きが置かれ、とにかくベビーカーを利用する側が配慮し、十分に注意せよという。この日本語と英語の差はとても大きい。それこそ、駅の構内を直進すべきは、ベビーカーを扱う彼女たち（もしくは、彼たち）であるべきだろう。液晶モニターについて、ここまでは雑誌連載時の二〇一八年の表示に基づいているが、現在では、「ベビーカーを使用の方も周囲の方も気持ちよく利用できるよう、お互いに配慮や理解をお願いします」に変更されているという。以前よりは良くなっていると思うが、「お互いに」ではなく、「周囲」が配慮や理解をすればいいと思う。

一九七〇年代前半、ベビーカー締め出し反対運動が起きた。一九七三年から七四年にかけて、東京の国鉄などがベビーカーの使用を禁止していた。リブ新宿センター発行『リブニュース「この道ひとすじ」』（リブ新宿センター資料保存会編『この道ひとすじ――リブ新宿センター資料集成』インパクト出版会）の「〈ベビーカー〉斗争・きょうまでの経過」と題したコラムに、このように記録されている。

昨年九月、ベビーカーは危険なばかりでなく、他のお客様の迷或《ママ》になる、の理由をもって、国鉄はベビーカーの乗り入れを禁止。折りたためば０Ｋというが、片手に子ども、片手に荷物とベビーカーを下げて２歩行ける力持ちは、そうはいない。そして同じく十二月、今度は東京消防庁がデパート内におけるベビーカーの使用を禁止した。大洋デパートや千日ビルの大火災・大惨事の教訓をもとに、ベビーカーはイザという時通路を防《ママ》ぐから禁止したそうな。／デパート各位への通達の文面は、原則として使用を制限すること、となっていたが通達の出た十二月を境いに、デパート内のベビーカーは姿を消し、中には客が持ち込むベビーカーも禁止する店さえ現われた。（ベビーカーを売ってるデパートがだョ）そして今年の二月にはスーパーマーケットにも同じ通達が行って、計二一のデパート・スーパーマーケットがその通達に従う結果となった。

鉄道会社は、デパートは、スーパーは、おい、そんなん押して歩いてんじゃないよ、と公言していた。つまり、子どもを産んだ女性は、公共の場を歩く権利すら剥奪されていた。今はどう改善したのだろうか。いや、そもそも改善してなんかいないのか。鉄道会社は、ベビーカーを使用している人にも配慮や理解を要請してくる。女性にぶつかりながら歩く男に怒るコメントでは、なぜか、彼は上司に叱られていたのではないか、なんて前提を付与して、少しだけ理解しながら怒る人がいる。ぶつかる男性には理由が与えられ、ベビーカーを押す女性には、理由など認めず、いつまでも配慮を求める。

女性の歩行が性的な文脈におかれる

Kさんは「原初的なことなのですが、ただ街を歩くだけでも、抱えている恐怖が男女間で異なるように思います」と言っていた。夜道を歩く以前の問題、ただ歩くだけでも恐怖があるのだ。→に歩く方向をたった三歩だけ↗に変えることで、男は女にぶつかれてしまう。女はそこで黙り込む。先に説明したように、立証が難しい。黙り込むしかなくなるのだ。だから男は女に、またぶつかる。ぶつかってしまえる。上司に怒られたのかなと想像してもらえる。夜道を歩くのが怖いだけではない。歩くのが怖いのだ。

自分の住むマンションは駅から徒歩一二分のところにあるが、その途中、駅から徒歩七分くらいのところに女子大があり、時折、授業の開始に合わせて登校してくる女子大生の群れと、自分が駅に向かうタイミングが重なってしまう。そうなると、こちらは大勢の女子大生を避けて駅まで向かうことになる。彼女らが大学にたどり着くまでの数百メートルの歩道の幅は十分ではない。あちらとこちらがようやくすれ違うことのできる、二・五人分くらいの幅の歩道だ。駅前で待ち合わせをしているのか、決まった時間に登校することで自然と一緒になるのか、彼女らの多くはペアやグループで通学してくる。それは、いつもの駅の構内とは正反対の環境だ。ぶつかられた女性や、ベビーカーを押しては、周りに注意せよ、配慮せよ、さもなくばベビーカーなんて持ち込むなと言われてきた女性を黙殺してきた環境とは反対の状況が生まれる。

あっちからひたすらやってくる女性を避けきらなければいけない。あちらはこちらのことなど気に留めてはいない。もし、駅の構内の男がそうしたように、自分が思うがままの前進を続ければ、彼女たちのペアやグループは、自分が通過するまで一旦前後になったり離れたりしなければならなくなる。会話も途切れるだろう。この場で自分が最も恐れるのは、自分の通過によって生じた断絶を、すれ違った後で彼女たちから指摘される可能性である。その可能性を少しでも減らすために、最善の努力をする。自分がカニさん歩きのように体を横にすれば、あちらが二列でもそのまま通ることができるから、早めに建物側に寄り、体を壁にくっ付けるようにして、カニさん歩きのスタンバイをする。

その姿勢を目視で確認した彼女らは、そのままの体勢で歩行を続ける。あっちからやってきたデカい図体の中年は、どうやら明確な意思を持って自分たちのことを避けようとしている、と見抜いてくれる。横に並べば二人半のスペースしかない歩道で、無理やり三人横並びで歩いてくる女子大生もいる。こういう時は、こちらが隅っこを歩いていると直前まで気付いてくれず、ギリギリで気付いた彼女らは三人の横並びを急いで解除しなければならなくなるので、あえて道の真ん中を大きめのジェスチャーで歩くようにする。すると、その三人のうちの誰かがこちらの存在に早めに気付く。気付いた瞬間に自分は壁に体を寄せ、自分がどうやって道を通過するつもりかの方針を提示する。デカい図体が、それなりに俊敏に対応したようだ、と気付かせることによって、横並びの三人が横並びを解除してくれる。グループごとに一定間隔が空いていれば、こうして対応できるのだが、さほど間隔がなく、大きな塊のような状態でやってくると、毎度の対応が困難になり、彼女たちにとっては、唐突にそびえ立つ巨木のような男にたじろぐことになる。東京郊外の平日の昼間、定職に就いていなそうな（実際に就いていないが）男が目の前に現れることで乱れる調和。

キモい存在として指差されることを人並みに怖がる自分は、あまりにも大勢の女子大生が向こうからやってくるのが見えると、歩道を歩くのをあきらめ、車道に出る判断をする。車はそれなりに行き交うが、間違いの許されない、歩道での瞬間的な対応の連続を選ぶよりも、車道へ出ることで得られる安堵《あんど》を優先させる。そこでは当然、車に接触する危険性が跳ね上がるし、なにより、わざわざ車道に出て、私たちとの接触を避けようとしている男、というこちらの自意識を感知されかねない。思い過ごしかもしれないが、なに気にしちゃってんの、との冷たい目線を頂戴する。それでも、間近で「ヒャッ」と驚かれるよりはマシなのである。

Kさんは、「夜道って、本当に怖いんです」と言う。そして、都会では「一人で歩いていて男性とすれ違うときに、道を譲ってもらえることはなかなかない」から「視線をたどり着きたい方向にピッと合わせ、周りへの配慮の視線を捨て、ただわが道を突き進むモード」に切り替えて歩いている、という。女子大生の大きな群れに遭遇するのは週に一度か二度程度、時間にして五分くらいのものである。夜ではなく、朝か昼。それだけでも疲弊する。この疲弊するコミュニケーションというか勘繰りを、たとえばKさんは毎日、そして毎夜のように強いられているのである。それって、とってもしんどい。とっても億劫《おっくう》だ。

一人で出歩く。そのことに恐怖心を持つ女性はとても多い。男は、夜遅く、一人で歩くことに大した恐怖はない。レベッカ・ソルニット『ウォークス　歩くことの精神史』（東辻賢治郎《とうつじけんじろう》訳、左右社）に、「夜歩く――女、性、公共空間」なる章がある。「女性はただ歩くだけでもその時間や場所によっては嫌疑を受け」続けてきたとし、その歴史と、変わらぬ現在を記す。ストリートウォーカー、ウーマン・オブ・ザ・ストリート、ウーマン・オブ・ザ・タウン……英語には「女性の歩行を性的な文脈におく語彙やフレーズがふんだんに」あるとの指摘に改めて驚く。これらはすべて娼婦を意味する。女性は、目的無く歩いてはいけない、とされてきた。ストリートに佇むウーマンはそうやって意味を付着させられてきた。「女性の移動は必ず性的な意味を帯びるということ、あるいはそのセクシュアリティは移動をともなうときに法を逸脱する傾向をもっているということが含意されている」のだ。痴漢にあった女性、レイプ被害にあった女性に対して、未だに、男を誘い出すような格好をしていたからではないかなど、女性を責め立てる言葉を向けて、悪事を働いた男性の優位性を正当化しようと試みる劣悪な主張が残る。ソルニットはこうも言う。「女性の歩行がしばしば移動手段ではなくパフォーマンスと受け取られることもいうまでもない。そこには女は見るためではなく見られるために歩き、自身の経験ではなく男性の視線のために歩くのだ、つまり何であれ関心を惹きたがっているのだ、と」。この環境を保とうとするのは誰なのか。

女を自由に歩かせたくない男

駅構内を歩く男が次々と女性だけを選んでぶつかっていく。それは、男があらゆる公共空間で優遇され、自分たちのために整備されてきた経緯の中で、身勝手に男であることを守ろうとする行為である。「女は見るためではなく見られるために歩き、自身の経験ではなく男性の視線のために歩く」という見識を引き受け、傍若無人に街を歩く。男が歩くことに意味はないけど、女が歩くならば意味を持て、と強いてきた歴史をそのまま自動更新してしまう。

EXILEのTAKAHIROが、三代目J Soul Brothers の登坂広臣《とさかひろおみ》と二人で受けたインタビューで、このように言っていた（傍点引用者）。

——女性のタイプは。

T：ルックスの好みは違うかもしれませんが、求めるものというか、すてきだと思うポイントは似ていると思います。古風な人とか。

——3歩下がってついてくるような？

T：3歩も下がらなくていいですが、2歩くらい下がっていただければ（笑）。たとえば、手料理がおいしいとか、芯があって凛としているとか。

（『週刊朝日』二〇一六年九月一六日号）

たとえば、平然と繰り出されてしまうこんなやり取りに、日本のジェンダーギャップが埋まらない理由を探し当てることもできるのではないか。古風な人が好みと言う。それを聞き手が「3歩下がってついてくるような？」と膨らますのがあまりに古風でいただけないが、三歩下がるのはもうさすがに古風すぎるので、二歩下がるくらいでよく、その流れで、芯があり、凛としている女性を求めている。彼の頭の中では、前に出すぎない女性の振る舞いが「芯」や「凛」の構成条件になっている。女性たちがなぜ、夜、一人では歩けないのか。それは男が、女を守る、というシステムの中で、これまで通り安心して、男＝自分を確認し続けているからではないのか。横並びでは手に負えないから、助けてあげられないから、二歩下がってついてくる女性を、芯があって凛としていると持ち上げるのである。女は一人で歩くな、俺が一緒にいる？　ふざけてはいけない。

作家・笙野頼子《しょうのよりこ》が、北原《きたはら》みのり責任編集『日本のフェミニズム　since 1886　性の戦い編』（河出書房新社）内のインタビューで言い切った言葉が頭に残っている（傍点原文）。

そもそもフェミニズムとか言う以前に、そんな言葉の前に、もっと大切で大きい女個人の心身や欲望があるじゃないですか。まず食欲。性欲じゃないでしょう。まず、例えば目の前にお肉があったら、それを夫の皿に半分移したりせずに、一人前ちゃんと食べたい。

あとは普通に選挙に行きたい、運転したい、銀行でローンを組みたい、役所で意地悪されたくない、タクシーで説教されたら怒鳴りたい、好みや主観を述べたい。

二歩下がらずに歩く。ぶつかってきた男を許さない。ベビーカーの利用を他のお客さまに配慮したくない。一人前ちゃんと食べたい。好き勝手歩きたい。歩かせろ。世の中というか、男はまだ、女を自由に歩かせたくない。二歩下がってついてきてほしい。夜道を一人で歩かせたくない。歩いてほしくないと嘆願し続けると、歩いてはいけない夜道が保持されることにもなる。男はどこでも歩ける。ぶつかっても、他者が理由を与えてくれる。上司に怒られて大変だったんだろ、だってさ。女だってぶつかってくるヤツいるもんな、だってさ。いつもケアしている女がケアを外した言動を見せるだけで、男は動揺する。

あっちから大量に押し寄せてくるのが女ならば、男は車道に出るのだ。そこに男らしさ・女らしさなんてないのだ。新宿駅でぶつかりまくった男は、彼氏と思しき男性と一緒にいた女性にはぶつからなかった。女性と一緒にいる女性にはぶつかった。男は女に自由に歩いてほしくないのだ。そんな薄手のプライドを社会が守ってはいけない。どんどん砕かなければならない。

二章

電車に乗るのが怖い

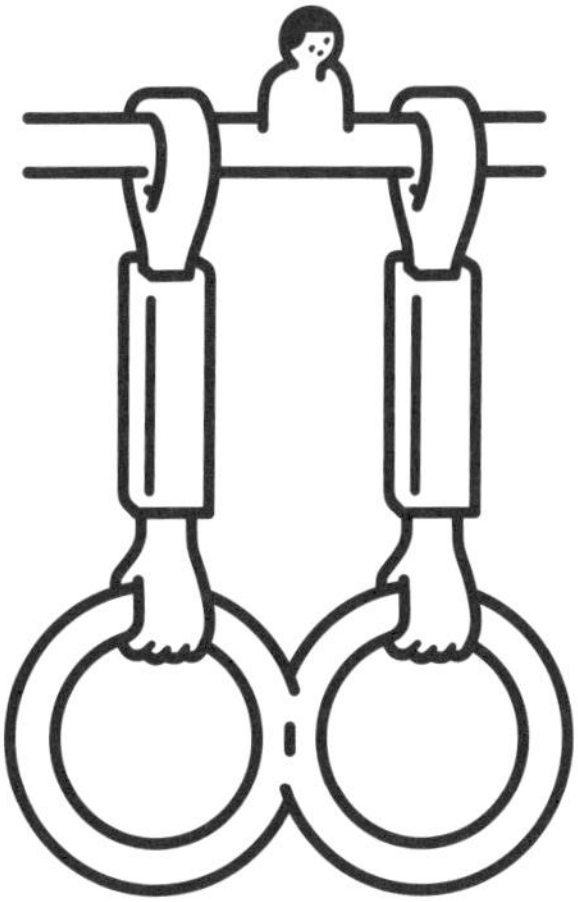

「男だって大変」という手癖

東京新聞の匿名コラム「大波小波」(二〇一八年八月二二日)が「文芸誌が問わないセクハラ問題」と題した文章を載せ、「砂鉄」を意識した「鉄屑」なる筆名で本連載(一章)について取り上げている。この連載で、早稲田大学・渡部直己《わたなべなおみ》教授(二〇一八年七月末に解任)のセクハラ問題に対する言及がなかったことを「残念」とした上で、連載の内容については「独特の調子で批判し、なかなかに痛快」と持ち上げ、「文壇内のセクハラ撲滅も含めた批判は次回以降に期待、であろうか」と、とても偉そうに締めくくっている。別に偉そうなのは構わないのだが、連載の初回に、早大セクハラ問題の考察を組み込まなかったことを「残念」とするのは、ハラスメントやマチズモというものを極めて単一的に捉えていらっしゃるようで、とても残念である。文芸誌が問わないセクハラ、としたくせに、「若干の救い」として、連載初回と同じ号に掲載された写真家・長島有里枝《ながしまゆりえ》と私の対談で、早大セクハラ問題に言及していることを挙げている。文芸誌に載っている対談でセクハラ問題に触れても、「文芸誌が問わない」と銘打てるのは、その対談が文学者によるものではなく、写真家とライターの対談だからなのだろうか。同じく、早大セクハラ問題を文芸誌が取り上げない件について言及した『週刊新潮』（二〇一八年八月三〇日号）の文芸評論家・栗原裕一郎《くりはらゆういちろう》「文芸最前線に異状あり」によれば、「武田は文芸外部の人間である」とのことである。文芸誌に掲載された対談でも、外部らしい。

酒場での放言を議論に持ち込むことは、その放言をそれなりの見解として認めることにもなりかねないので憚《はばか》られるのだが、少し前に、渋谷の老舗台湾料理屋で新聞記者を含む集団と隣り合い、文学の世界に近いと思しき新聞記者が、名物の「しじみのニンニク炒め」をジュルジュル吸いながら、「最近、文芸誌がフェミニズムばっかりやってっけど、男と女は半分ずつなのにおかしいよ」と強い口調で言った。男と女は半分ずつなのにおかしいよ、という、驚いたしじみが殻を閉じそうなほど鈍重な意見は、残念なことに、この国の酒場、あるいは職場、そして論壇を盛り上げ、文壇を持ち上げ、マチズモの屋台骨になってきた。主張する女の発生と、その声のボリュームにやたらと敏感で、いよいよ大きくなってきたと判断すると、いや、男もいるよ、半分いるよ、もはやこっちが少数派だよと騒ぎ始める。相次ぐセクハラ事案に対し、ひとまず頷《うなず》きながら、頷くとほぼ同時に「でも」と言い、「でも、男だって大変だよ」の一言を添えてみると、あら不思議、なぜだか元通りに戻っているのである。元通りとは、もちろん男女平等ではなく、前章で記したように「男、めっちゃ有利」である。「男だって大変」が、「男、めっちゃ有利」の維持のために使われる。「男を一緒くたにするな」は、「女を一緒くたにするな」の後に続く作業ではないか。

女性が公共空間を歩くのが怖い、という前章の内容に、早大セクハラ問題が言及されていないことを「残念」と述べる態度というのは、どんな方向から性差の問題が立ち上がろうとも、最新の「女性問題」として、たったひとつの部屋に押し込めて処理しようとする手癖を露呈している。お寿司屋で食べたイクラの話を書いたら、「ねぇねぇ、どうしてマグロの話をしないのか、残念だ」と言われる。「マグロの話は次回以降に期待」と言われる。それは、お寿司屋ってものをさすがに知らなすぎると思うのだが、フェミニズムを懐疑的に問う時の、多くの人の目つきというものは、これとそう違わない。

それは大事に至っている

本書では章ごとに一つのテーマを設けて考察していくが、そのテーマを設けるのは、男性優位社会に常日頃から怒りをブチまけている『すばる』の女性編集者・Kさん。

今回のテーマは「痴漢」。「鉄屑」が期待する「文壇内のセクハラ撲滅も含めた批判」の話題になるかどうかは、現時点では「砂鉄」もわからない。なぜって、それは、当たり前だけど、別の話だからである。Kさんから怒りの表明が届く。

連載の初回掲載を受けて、たくさんの女性がご自身の性差別体験談を私のもとに寄せてくださったのですが、なかでも一番議論が白熱し、怒りのエピソードが止まらなかったのが、〈電車通学／通勤中の痴漢〉でした。

小学校に入学し、制服を着て一人で通学を始めた初日から被害にあって、振り返って見上げた先にあったその男の顔がいまも脳裏にこびりついて離れない、気持ち悪くてたまらない、という人。高校時代にほぼ毎日被害にあいつづけ「どうにかなりそうだった」ので、あるとき勇気を振り絞って、触れてきた奴を捕まえたら、犯人は二〇歳そこその学生。警察署で犯行現場を再現したり何度も事情聴取を受けたあげく、親が泣いて家まで謝りにきて、示談に応じるしかなかった人。制服を卒業したら被害はなくなる、と思ったら大間違いで、背後から不自然な位置に鞄を持つ手を置かれたり、明らかに空《す》いている車両で隣に座られて腕を密着されたり……。

私自身は高校まで田舎住まいで、電車通学はしたことなかったのですが、東京に出てきて初めて痴漢にあった日（リクルートスーツでバイトの面接に向かっていました）、怖かったこと、不快で、忌まわしくて、吐き気がしたことを、しばらく誰にも話せませんでした。汚らわしい体験って、言葉にしたくないですから。「よくあることなんだよねぇ」と、飄々《ひょうひょう》と笑い話にしてしまいたかったですが、できませんでした。今では、軽率に笑いで処理してしまわなくてよかった、と心から思いますが。

電車がこんなに恐ろしい乗り物だということは、誰も教えてくれませんでした。親や学校から「気を付けて」と言われても、気を付けようがないんです。息苦しい密閉空間で、知らない男の手が急にこちらに伸びてくるんです。明日も、伸びてくるかもしれないんです。さらに地獄なのは、周りの人間がそれを見て見ぬふりをして、だれも助けてくれないこと。これが「よくあること」って、絶対におかしいです。

痴漢について議論すると真っ先に浮上する反論を早々に消しておきたい。「男と女は半分ずつなのにおかしいよ」と述べるような人は、必ず、「でも、痴漢冤罪《えんざい》もあるよね」と対立軸を設定する（痴漢行為は男から女へ、とは限らない。逆もあれば、同性同士もある。だが本章では、圧倒的に多いケース——男性から女性に対して行われる、との前提で議論を進める。他のケースを軽視しているわけではない）。女も大変だけど、男も大変で、むしろ、人生狂わされているのは痴漢冤罪のほうなんだよと強気になる。いつのまにか、どちらが大変かで争おうとする。その争点、どこから持ってきたんだ。

性犯罪・依存症の専門家である、精神保健福祉士・社会福祉士の斉藤章佳《さいとうあきよし》は、著書『男が痴漢になる理由』（イースト・プレス）の中で、痴漢と痴漢冤罪を一緒くたにして話すのは、「こちらが卓上にトランプを乗せているのに花札のカードを出すようなもの」だという明確な比喩で区分けしてみせる。痴漢冤罪もあるよ、という男の主張は、なぜ、痴漢がなくなれば痴漢冤罪もなくなるという、皆で団結できそうな目的よりも優先されてしまうのだろうか。痴漢という悪事を、低く見積もっているからなのだろうか。確かによくないよ、よくないとは思うよ、だけどさ、痴漢冤罪だってあるんだよ……という流れ。流れというか、回避。回避というか、議論の沈静化。時間をかけて沈静化させずに、最初の「確かによくないよ」の時点で団結すればいいのではないか。痴漢はよくないと思うのだから、やめさせればいい。痴漢冤罪だってあるんだよ、じゃない。男と女は半分ずつなのにおかしいよって、おかしいのはオマエだよ。

警察庁が発表した「痴漢事犯の検挙状況等の推移」（二〇一〇〜二〇一四年）では、「迷惑防止条例違反のうち痴漢行為の検挙件数（電車内以外を含む）」と「電車内における強制わいせつの認知件数」の合計がいちばん多いのは二〇一二年の年間四二五〇件との数値が出ている。前出の斉藤の著書から拾うと、二〇一〇年に警察庁が、東京・名古屋・大阪に居住し、日頃電車を利用している一六歳以上の女性二二二一人を対象に調査したところ、「過去1年間に電車内で痴漢被害に遭った」と答えた人が一三・七％おり、そのうちの九割が、被害に遭っても警察に通報・相談しなかった、と答えている。九割が泣き寝入りしているのであれば、実際には公になっている件数の一〇倍は痴漢行為が行われていることになる。それだけではなく、意図的に身体を密着させたり、電車の揺れを活かしながら意図的に陰茎を女性に押し付けたりするような行為を含めれば、痴漢行為は日常に溢れていることが推測される。数の比較で議論を単純化してはいけないが、痴漢に痴漢冤罪をぶつけ、取り急ぎの対立軸として言い負かそうと試みる流れをみると、まず数を知れ、と吐き捨てたくもなる。先述した「痴漢事犯の検挙状況等の推移」のここ数年の数値を確認すると、徐々に減ってきてはいるものの、まだまだ多い。

上京してから痴漢行為に遭ったKさんは、しばらく誰にもそのことを言えなかった。「知らない男の手が急にこちらに伸びてくるんです。明日も、伸びてくるかもしれないんです」。公共空間が、あたかもロシアンルーレットのように、昨日は大丈夫だったけど、今日こそヤバいかもしれないという恐怖を与え続ける。恐怖を抱えながら電車に乗り込み、目的地に通い続けるのである。先ほどの数値をもとにして、検挙されるべき痴漢が四万件以上発生していると仮定すると、一日換算では一〇〇件以上の痴漢が発生していることになる。今日は大丈夫だったが、明日は手が伸びてくるかもしれない、この恐怖と永続的に付き合わなければいけないのは、計測不能のストレスである。

このストレスから解放されるためには馴化《じゅんか》しかないのだろうか。個人が抱えた経験を、それぞれで飲み込む。本連載（一章）を読んだ友人女性が「実は……」と切り出してくれたのが、中学生時代、自宅マンションのポストで郵便物をとろうとかがんでいると、スッと入ってきた見知らぬ男性に抱きつかれた、という経験だった。そのポストは外からは死角となっており、叫ぶこともできずに体を硬直させていると、男性は駆け足で去っていったというのだが、この経験を聞くと、その手の経験を持たずに済んでいる男性は「大事に至らなくてよかった」などと思う。というか、自分はまず、彼女にそう言ってしまった。最悪の事態から、されていないことを引き算し、その程度で済んでよかったとの見解を晒す。拉致《らち》や強姦《ごうかん》から引き算して、未遂でよかったではないかと処理をする。彼女のためを思いながらそう思う。だが、それはもう、大事に至っているのである。

「周りにいた人達がゲラゲラと笑った」

今日も、明日も、手が伸びてくるかもしれない。恐怖を抱え込み、ようやく口に出す。Kさんのもとにそういった声が集まったのも、その経験を話しても、ちょっとした笑い話のひとつとして消費されることはない、という信頼があったからこそだろう。二〇一六年、強姦致傷容疑で、ある俳優が逮捕されると、番組の企画としてその俳優からアプローチを受けていたタレント・橋本《はしもと》マナミに対し、梅沢富美男《うめざわとみお》が別の番組で「やらせてもよかったんじゃないの？」と言った（TOKYO MX『バラいろダンディ』）。やらせておけばこんなことにならなかったんじゃないの、という彼なりの軽快なジョークは、テレビの中だけではなく、そこかしこに暴力的に存在する。男の性欲くらい、女がちゃちゃっと引き受けてやってよ、それで済むんだから、とのポップな見解の乱れ打ちは、たとえば、痴漢に泣き寝入りしてしまうパーセンテージにも波及していくはずである。減るもんじゃないでしょ？　という愚かな問いには、「減る」という回答のみでいい。いや、答える必要なんてない。議論すべきではない。明日も恐怖に晒されるかもしれないとの不安を抱えたまま電車に乗る。想像し続けなければいけないのが億劫だし、怖いし、気が滅入《めい》る。それなのに、ホントすみませんけど、女は、多少なりとも滅入ってください。これが、痴漢を「Chikan」とそのまま世界に広めてしまう、私たちのジャパンなのだ。

痴漢犯罪を考える上で、ポイントとなるいくつかの事件がある。まずは一九八八年に起きた地下鉄御堂筋《みどうすじ》線事件。御堂筋線で痴漢行為に及んでいた二人組の男性に対し、痴漢行為を止めるように別の女性が注意したところ、その女性が男たちに連れ回されてレイプされるという事件が起きた。逮捕された犯人に対して検察は懲役四年を求刑したが、結果的に「『前途ある青年である』こと、『同情すべき成育歴がある』ことで情状酌量の余地があるとされ、3年6ヵ月の判決が下された」という（小川《おがわ》たまか「『痴漢は犯罪』ポスターが生まれるまで　大阪『性暴力を許さない女の会』の28年」、Yahoo!ニュース個人・二〇一六年三月一〇日)。前途ある青年だから、罰を少し軽めにしておきましょう、だそう。そうやって男性の前途のために女性の前途を塞いだ判断に憤った女性たちが「性暴力を許さない女の会」を立ち上げ、小川の記事タイトルにあるように、痴漢撲滅ポスターの作成へとつながっていく。

その二年前の一九八六年には、西船橋駅のホームで転落死事件が起きた。夜一一時頃、泥酔した男性が女性の頭を小突いたり、コートを摑《つか》むなどして罵声を浴びせかけていた。耐えきれなくなった女性が、男性を突き飛ばしたところ、男性がホーム下に転落、入ってきた電車に轢《ひ》かれて死亡した。男性が高校の体育教師、女性がストリップダンサーだったことから、この事件の報道では、そういう職業の女性だったのなら……に始まる職業差別的な見解が流布することにもなった。命の価値、罪の重さを性別と職業で測る。結果、正当防衛が認められた女性は無罪を言い渡されるが、その判決文には様々な目撃者による、こういった証言が残されている(傍点引用者。また、促音・拗音《ようおん》を小字にした)。

ホーム千葉寄りの階段の中程から一寸《ちよつと》下のあたりで男女が何かもつれるような恰好で、立っていたような気がして、みると、女の人が、何すんの、あんたなんか知らないわよ、と言い、ホームに下りて来た。そして女の人が男の人を左肘か何かで払ったような感じだった。売店の横を通って売店の向こうの方に行き、それを男の人が後を小走りに追いかけて行った。そのとき男の人が、馬鹿女とか何とか言う声がして、周りにいた人達がゲラゲラと笑った。それに対して、何さ、あんた達笑ってないで助けてくれたらいいじゃない、という女の人の声がした。

女性本人の供述にも、「男の人は、てめえみたいな女がようとか、てめえこの野郎などと汚い言葉で私をののしってきたように憶えている」とある。泥酔した体育教師から「てめえこの野郎」や「馬鹿女」と叫ばれるのに耐えられず、女性は思い切り突き飛ばしたが、男性の位置からホームの端まで三メートルほどあった。突き飛ばされただけで、そのままホームから転落することは想定しにくい。しかし、メディアが、あるいは世間が、話を単純化し、性差別と職業差別を混ぜ合わせ、当該の女性に厳しい目を向けたのではないか。

芸能人の不倫報道が活発となり、清純派（そもそも、なんだそれ）と呼ばれていたベッキーの不倫が発覚すると、世間は再起不能になるほど彼女を叩いた。再起不能を望んでいたように見える。だが、乙武洋匡《おとたけひろただ》の不倫が発覚すると、あるコメンテーターは「こんなことで彼を社会的に抹殺することがこの国にプラスになるのか考えて欲しい」と言いながら庇《かば》った。男女間でトラブルが生じた時、男性は、置かれている立場を理由に優遇され、女性は、その置かれている立場を剥奪される。あるいは軽視される。国にとってプラスかという基準は、一体いつ、なぜ、どうして、持ち込まれたのか。公共空間で男が「馬鹿女」と叫べば、周りにいた人たちはゲラゲラと笑うのである。女だから。ストリッパーだから。体育教師とストリッパーが公共空間に立つと、その時点で後者は、立場をわきまえろと社会から要請されるのだ。このことは、痴漢を瑣末《さまつ》な問題だと据え置きたがる風土と抜群に仲が良い。

二〇〇六年には、JR西日本・北陸線の特別急行「サンダーバード」号内で、女性へのレイプ事件が起きた。女性客の隣に座った男は「声を出すな、殺すぞ」などと脅しながら女性の体を触り、トイレに連れ込んで暴行に及んだ。車内には四〇人ほどの乗客がおり、泣きながら連れて行かれる女性に気づいた乗客もいたが、男が「何を見とるんじゃ」などと凄んだこともあり、レイプを止めることができなかった。経緯を知ると、まずは、「おい、乗客、何やってんだよ」と思う。だが、痴話喧嘩かもしれない、という都合のよい推測を瞬時に追い払うことができただろうか、とも思う。痴漢から女性を守る会著／江川雄一《えがわゆういち》監修『満員電車は危険がいっぱい』（マイクロマガジン社）では、この事件について、「この一件に教訓があるとすれば、『女性も自衛しなければならない』ということです。残酷な意見と思われるかもしれません。ですが、先の状況を変えられる可能性があったのは、被害者の女性だけです」という「残酷な意見」が示されている。なぜ女性側に注意喚起がなされるのだろう。こういった事案ですら「女性だけ」が状況を変えられる、とする。発生したら状況を変えられるのは女だけならば、その自衛はやがて、痴漢されないようなアナタでいなきゃ、レイプされないアナタでいなきゃ、自分で守んなきゃ、と広がっていく。

Kさんは言っていた。「親や学校から『気を付けて』と言われても、気を付けようがないんです」。手を伸ばされ下半身を触られる。目の前で陰茎を露出される。隣に座った酔客に肘で胸を触られる、られる、ばかりだ。能動ではなく受動。こうして受け身でいるしかないのに、どうやってあらかじめ気を付ければいいというのか。どう自衛すればいいのか。男が陰茎を目の前で露出するかどうか、どう判断すればいいのか。事前にも事後にも、自衛などできない。自衛できたのではないか、というジャッジは冷静に見えて、ただ残酷なだけの意見だ。状況を変えられたのは被害者、って、殺人を防げたのは死体、と遠くない。

朝の埼京線に乗り続ける

Kさんが、都内の路線で一、二位を争うくらいに痴漢が出没するとされる埼京線の朝のラッシュを体感してきてください、と言う。会社員時代も出社は一〇時半で満員電車を回避、フリーランスになり満員電車という存在をとにかく忌み嫌うようになった身にはキツいタスクだが、三日間ほど満員電車に〝出勤〟することにした（なお、同一区間を往復するにあたっても、その都度下車して精算したことを念のため申し添えておく）。目的を持って調査するわけでもないが、痴漢にまつわる予備知識を仕込んだ上で体感することによって得られる見地があるかもしれない。

一日目・二〇一八年八月二二日（水）

朝八時台、大宮―新宿間を二往復する。痴漢に間違われる恐怖って、痴漢されるかもしれない恐怖とは比べられない。比べられないけれど、比べろと言われれば、後者の方が怖いだろ、と即答する。こちらは、混んでいようがいまいが、リュックを前にかけ、片手をつり革に、片手に本を持つのがいつものスタイルなので、間違われて腕を摑まれて「この人、痴漢！」と叫ばれても、摑まれた腕の先には明確な目的がある。リュックを前にしておけば、下半身が女性と不自然に接触することもない。しかし、あまりの満員電車では、つり革の確保が難しくなり、つり革を持つ人とつり革を持つ人の間に入ることになる。この状況では体を安定させる方法がないので、体を安定させている人に挟まれるようにして、大きな揺れに備える。池袋から新宿へ向かう車中、突然の減速によって体がよろめき、斜め前にいた女性のロングヘアに、両手で文庫本を持つ自分の手の甲が触れてしまう。あちらの体が強張《こわば》るのがわかる。急いで離す。あちらは、突然の減速によるものだろうと察してくれたはずだが、想定していなかった接触に、それぞれ理由を探し当てなければいけない。至近距離に別の若い女性がいる。顔と顔の距離は三〇センチもない。この環境を渋々選んでいる人ばかりだろうが、この環境を楽しむ人もいるのだろうか。その差異などわからない。

一度下車し、これから乗ろう、という電車のドアが開くと、左に汗だくの男性と、右に女性がいる。やっぱり率先して左にはいかない。でも、女性からすれば、この人は自分を目指してきた、と思うかもしれない。目指すというか、そこしかない、との判断であっても、なぜここに、もしかしてこいつ、とあちらが警戒するのは考えすぎではない。人を警戒し続けるには体力と精神力が必要とされる。

車内のアナウンスや液晶モニターには、「不審物や気がかりなことがございましたら……」との告知が出る。この抽象性は誰のためなのだろう。毎日起きている痴漢への具体的な言及はない。数十センチの距離で知らない人に囲まれるなか、不審の度合いや気がかりが、どれほどであれば知らせてよ、なのか。「痴漢行為を見かけましたら」も加えるべきではないのか。映画館では、映画が始まる直前に「NO　MORE映画泥棒」の映像が流れる。これからの上映中に犯罪行為に及んだら許しませんからねと警告しておく。こちらは、隠し撮りするつもりがないので、あの映像にビビることもなければ、不快に思うこともない。同じことだ。アナウンスや液晶モニターに、具体的な音声や文字で「痴漢」という言葉を用いるべきではないか。該当しない人間には少しも不快ではない。確実に日々起きている犯罪なのだから、痴漢という具体的な文言を出して周知すればいい。それをためらう理由とはなんなのか。

二日目・八月二三日(木)

七時半から八時半にかけて池袋―新宿間を三往復する。あまりの酷暑で、朝からみなさん、やたらと汗ばんでいる。この不快な朝、「体調不良になったお客さまがいたため二分遅れ……」とのアナウンスが入り、車内に静かな動揺が走る。二〇一七年一一月、「つくばエクスプレス」が予定より二〇秒早く出発したことに対し、鉄道会社が謝罪した。朝九時四四分四〇秒出発の予定が、九時四四分二〇秒に出発してしまったのだ。この異例の謝罪には海外メディアまで飛びついたが、通勤ラッシュの時間帯には、この時間のこの車両に乗ると決めている人が多く、少しのズレも許されなくなっている。二分遅れとのアナウンスに、すかさず時計やスマホを確認する人々。電車の乗り継ぎがうまくいく前提で始業時間にギリギリ間に合うように電車に乗っている人も多いのだろう。だからこそ、喧嘩や痴漢などのトラブルを見かけても、その多くは、日々のルーティーンを崩さないことを優先してしまうのだろうか。

埼京線の遅延証明書をウェブサイトで確認すると、七～一〇時の時間帯の七割近くの日に遅延証明書が発行されている。この日も一〇分の遅延証明書が発行されており、「最大で以下のとおり遅れたことを証明します」との記載の下に「10分」と赤く記されている。当初二分だった遅れは、少しずつ重なったいくつかの事情を経て、三時間で「10分」を記録したのだろう。これほど証明書をコンスタントに出しまくっているということは、それを要求してくる会社や学校が少なくないと想像される。

あの混雑下でお客様のお望み通りに運ばなければいけないなんて、そもそも無理がある。南後由和《なんごよしかず》『ひとり空間の都市論』（ちくま新書）にある文化人類学者・エドワード・ホールの定義によれば、人間同士の距離の感覚として、〇〜四五センチを「密接距離」、四五〜一二〇センチを「個体距離」と呼び、密接距離については「一般的に親子や恋人など親密な人同士のあいだで許される距離」とされる。牛丼屋が隣客との間隔を三〇センチ程度にしているのは、客席数を確保するだけではなく、長居したくなくなる距離にして牛丼に視線を集中させるため。他者と近すぎる距離にいるのって不快。ならば、三〇センチどころか一五センチの距離に知らない誰かがいる満員電車の状態は、ものすごく親密な人とのみ許される距離。そこにいる人とはもちろん親密ではないのだから、不快が無限に増殖していく距離なのだ。

男女にはどうしても身長に差が生じるから、男性が女性を見下ろす形になることが多い。男性の腋《わき》からうっとりするような香りが漏れていることはないから、そんな山々に囲まれる苦痛もあるだろう。前にいる女性がスマホを打つ姿を、後ろからジッと覗き込んでいる男性がいる。ほぼ後ろからハグしているような、付き合い立てのカップルのような距離。新宿駅近くの減速で男性にもたれかかられた女性は後ろを振り返る。覗き込まれていたことに気付いたのか、不快そうな顔をして、身を屈《かが》めるようにスマホをさらに顔に近づけた。

三日目・八月二四日（金）

この日は台風の影響で風が強い。前日同様、池袋—新宿間を三往復。車内の液晶モニターに流れているCMを見る。あるファミリーの一日を追う。夫は「仕事がうまくいき」、子どもは「かけっこが速く」、妻は「若いと褒められ」、それぞれが上機嫌、そんな幸せな一日がやってきた、とのこと。機嫌が良くなるのも、妻だけが能動ではなく受動なのだった。ドア横の広告では、ローラがMEN'S TBCの広告で「朝から暑いのに、ヒゲを剃らなきゃなんて、男もいろいろ大変だ……。」と慰めてくれる。ヒゲを剃るなんて、別に大変じゃない。

二分の遅れすら許さない環境では、どうしても駆け込み乗車が生じる。既にドア付近で満員の車内に収まっている人は、日大アメフト部でいうところの悪質タックルに近い駆け込みを避けることはできない。ある程度の勢いで身体に接触してくるのって、この時点でハラスメントだが、こうして触ってくることにいちいち異議を申し立てることはしない。接触しても仕方ない、という合意がある。いや、合意、していない。でも、駅に着くたびに悪質タックルが繰り広げられる。ドア前に立っていると、一八五センチの自分にはタックルしてこない。自分以外の人がタックルを黙々と受け入れている。こういう環境への慣れが、いざという時に「これを痴漢と断定していいものだろうか」という迷いを生む。満員電車という存在自体が悪質なのだから、同じように他の悪質も我慢しよう、との判断に至る。

警察庁は二〇一六年に「電車内における痴漢対策の推進について」との通達を出した。そこには「広報・啓発活動の強化」と題し、「電車内の痴漢の発生実態や予防の効果の期待できる時期に合わせ、鉄道事業者等と協働したキャンペーン等の実施により、被害者となる女性の警戒心を高めるとともに、電車内の痴漢撲滅の社会的機運の醸成に努めること」（傍点引用者）とあった。本音が透ける。そうだ、女にもっと気をつけてもらおうぜ。その次に、痴漢はよくないよって機運を高めてもらおうぜ、と続く。おかしい。もっとも大切なのは「被害者となる女性の警戒心を高める」ではなく、「加害者となる男性の邪心を抑え込む」ではないのか。痴漢をさせないようにする。それで全てが解決する。それしかないのに、なぜ、それをしないのか。

男性は性欲を爆発させる可能性のある生き物だという前提に同意しない。今でこそ、電車の中吊り広告に卑猥《ひわい》な言葉が連なる週刊誌広告は少なくなったが、かつては、見上げれば、男性の性的興奮を煽《あお》るような文言がいくらでもおどっていた。中学生男子のレベルの言語を使えば、ムラムラさせてきた。常に暴発しかねない性欲を抱えているというのを男性の標準にしないでほしい。男ってのは、どこからともなく手を伸ばしたくなる欲求を抑えている生き物だから、その手に触らせないように警戒心を高めよう、でいいのだろうか。その手を、出すんじゃない。なぜこっちだけを突かないのか。ＣＭの後に、ローラの慰めの横に、「痴漢すんな」と記せばいい。女性の警戒心や社会的機運に頼るのではなく、「痴漢すんな」と言える機運を作るのがそちらの役割ではないのか。

満員電車に〝出勤する〟三日間を終える。新宿駅で電車を降りたところで後ろから肩を叩かれる。まさか痴漢に間違われたのか……という深刻なオチがあるはずもない。旅行中と思しき外国人が、私が着ていた、海外でも活躍する日本のドゥームメタルバンドのＴシャツを指差し、ハイテンションで「COOOOOL!!!!」と呼びかけてきた。あちらはポーランドのデスメタルバンドのＴシャツを着ていたのでこちらも反応する。しんどい三日間がいくばくか和らぐ瞬間だった。

今日も、手が伸びてくるかもしれない

実際の痴漢発生はもとより、「痴漢されるかもしれない」状況がそのまま放置されていることに問題がある。前出の斉藤によれば、痴漢の「再犯防止プログラムで受講者にヒアリングした結果から、ほぼすべての痴漢が〝痴漢モノ〟といわれるＡＶを観ていると断言できます」とある。ＡＶは

ファンタジーですと、制作サイドがいくら語ろうとも、それに準じた行為を咎《とが》めようとする声は広がらない。むしろ、商品として引き続き流通しまくることによって、あの場での行為が社会的に黙認されていると都合よく理解する人たちの考えが強化されていく。痴漢と痴漢冤罪を一緒くたに、あるいは対称的に論じるべきではないと本章前半で記したが、痴漢冤罪の記事を扇情的に取り上げることの多い週刊誌（『週刊現代』『週刊ポスト』）が、それと対置させるように、死ぬまでセックスをすべきとの特集を毎週のように組み、「『セックスが好きな女』は、どこにいるのか？」（『週刊現代』二〇一八年六月二三日号）、「死ぬまで死ぬほどＳＥＸ　『ひとりでとんかつを頬張る女』はなぜスケベなのか？」（『週刊ポスト』二〇一八年八月一〇日号）と、実はセックスに能動的な女の存在をどうにかして探したがっていることは特筆すべきだろう。女性専用車両について「女性専用車『仰天の品格』」（『週刊ポスト』二〇〇七年二月九日号）と、早速、差別的視線を向けたのもこの手の雑誌だった。

女性の性欲を待望することと、強姦されても痴漢されても、やがてその気になって喘《あえ》ぐＡＶ作品が量産されることが、延長線上にある危うさ。「高校で女友達と話すと、もっとセックスがしたいとか、どういうことをしたいなんて話題ばかりで、女に性欲があるっていうのは当たり前の認識だった」と語る、一九九〇年生まれの女性ＡＶ監督の山本《やまもと》わかめは、女優が男優を責める「痴女」ものの企画を出しては、「『痴女』は売れない」と会議ではねられ続けたという（安田理央《やすだりお》『痴女の誕生　アダルトメディアは女性をどう描いてきたのか』太田出版）。やがてその気になるのではなく、あらかじめ備わっている女の性欲は困るらしい。男性からの強制によって、ようやく性欲が開花するという強姦や痴漢モノのストーリーに対して、あ、それ実行したら犯罪だよ、というシンプルな情報伝達が足りていないのではないか。こちらが強引に迫っていけば、女はその気になってくれるに違いない、という姿勢を死ぬまで保とうとする浅ましさ。

二〇一五年、イギリス鉄道警察(BTP)は、痴漢取締りキャンペーン「Report It To Stop It」(通報してやめさせよう)用に、動画を作成した。地下鉄の車内で、男性から痴漢されている女性。指先でお尻をなでる、手全体でお尻を触る、陰茎をお尻に押し付ける、と徐々に行為がエスカレートしていく。その度に、「通報しますか?」と視聴者に問うナレーションが被さる。

通報する際に、それが犯罪行為なのか、そもそも故意だったのかを証明する必要はありません。BTPがあなたに代わって調査します。

ささいな事件や、取るに足りない事件というものはありません。BTPの警察官は、こうしたケースに対処できるよう訓練されています。敬意と尊厳をもってご対応します。いかなる場合もあなたを信頼し、真摯に受け止めます。

(ハフポスト・二〇一五年四月一六日)

通報しやすい環境を整えていますからね、と知らせたこの映像によって、通報件数と容疑者の逮捕件数が三〇％以上も増加したという。こういった具体的なメッセージを、目につきやすいところに配置すべきだ。監視カメラの間接的な抑止効果に期待するのではなく、直接的な抑止を文字情報・音声情報で伝えるべき。二〇〇三年刊行の長いタイトルの本『なぜ女は男をみると痴漢だと思うのか　なぜ男は女の不快感がわからないのか　痴漢大論争！』（石橋英子《いしばしえいこ》監修、ビーケイシー）で、作家の蔦森《つたもり》 樹《たつる》が対談した痴漢冤罪被害者である長崎《ながさき》 満《みつる》は「痴漢えん罪をなくすだけじゃなくて痴漢犯罪をなくさなければいけない、と。だけど、なかなか理解されない」と嘆きつつ、冤罪をかけられた人を支援する人たちの中で、「『相手の女はひどいやつだよね』っていうのはありますが、『相手の女性も被害者だよね』というのはあまりなかったですね」と語る。

痴漢被害VS痴漢冤罪被害の状態を保っておくと、確かに両方とも存在している以上、双方の言い分に正当性が生じる。件数の違いを考えろよ、と言えば、件数が少ないからって見逃していいのかと言い返される。少ないからといって見逃してはいけない。だが、この「VS」のまま時間切れでお開き、エンドロールが流れてフィナーレを迎えてしまっていい議論なのか。それを繰り返す限り、そこにあるエピソードが強いものかどうかが世の中の空気を決めてしまう。超一流ホテルの支配人が電車の車内での痴漢を疑われて逃走し、転落死したという事件があった。職場の同僚の声として、

「とても責任感が強く信頼できる先輩です。ですから、今回の一件がいまだに信じられません。支配人が痴漢をするだなんて天地がひっくりかえってもありえません」（『週刊現代』二〇一七年六月一七日号）とのコメントを読んだあとで、前出の斉藤が、データを集計した上で導き出したのが「痴漢のリアルな実態は、／『四大卒で会社勤めをする、働きざかりの既婚者男性』」だったことを思い出す。この同僚の証言の真偽を問うているのではないし、この支配人、もしかしたら――などと言っているのでは全くない。いかにも痴漢をしなそうな人が痴漢をしてきたとの事実がある。大事なのは、日頃のイメージを基準にして判断するようではいけないということ。冤罪であると立証するプロセスにおいても、「しそう」「しなそう」にこだわるべきではない。

女性に、「軽率に笑いで処理」（Kさん）させてはいけない。自由意思がほとんど奪われる車内で、女性を受け身の立場で固定し、男性の優位を維持しようとする。痴漢も痴漢冤罪も、その維持が発生させているのではないかと疑ってみるところから始めるべきだ。誰かの手が「明日も、伸びてくるかもしれないいんです」という恐怖を毎日味わっているのだ。笑うか黙るかさせてはいけない。痴漢をやめさせなければいけない。議論を混雑させたがる狙いの多くは、受動的である被害者をいつの間にか能動的な存在に鞍替《くらが》えさせ、加害者の言い分を補強してしまう。

鉄道各線に「つい、カッとなった。人生、ガラッと変わった。」とのキャッチコピーで、駅構内での暴力行為を警告するポスターが貼られている。そのポスターの説明には「平成28年度の鉄道係員に対する暴力行為は７１２件にものぼりました」とある。ポスターのイラストには、被害を受ける鉄道係員の姿はなく、取り乱しながら加害行為に及んでいる男だけが描かれている。年間四万件以上発生していると思われる痴漢被害。ほのめかすのではなく、「痴漢はやめよう」とストレートに示すべきだ。それに尽きる。痴漢被害と冤罪被害、どっちもよくないよね、では、これからも変わらぬ日々がやってくる。今日も、手が伸びてくるかもしれない。これを変わらぬ日々としていいのだろうか。まさか、そんな日々にしていい、と思っているんだろうか。ところで、また「文壇内のセクハラ撲滅も含めた批判は次回以降に期待」であろうか。

三章

「男／女」という区分

女なら「持ち前の存在感」を

二〇一八年八月、東京医科大学で、女性の受験者を合格しにくくする減点に励んでいた悪習が明らかになったが、新聞記事には「得点操作で不合格」「不正で不合格」などといった生ぬるいタイトルが並んだ。「¥10000」と記されている手書きの領収書の「1」を「4」に書き換えるのは不正経理の常套《じょうとう》手段だが、その「操作」や「不正」に差別心はない。とにかく多めにお金が欲しいだけだ。だが、女性の受験者を不当に不合格にするというのは、操作や不正ではなく、差別行為である。志願者を見て、「あ、女か、受かりにくくしよう」と減点してみせるのは、点数を操作した、にとどまるものではなく、特定の人間への差別行為だ。現役の医師にアンケート（医師の人材紹介会社「エムステージ」調査）をとると、今回の得点差別について「理解できる」「ある程度理解できる」と答えた人が六五％と出た。この結果を、医療現場を知っているとこういう数値になるんです、と現実を知っている人たちによる意見として特別視したいようだったが、受験した女の点数を減らしてしまえ、を理解できる七割近くの医師がいるのならば、その七割近くに向かって指を差す。指を差して、差別を肯定されるのですね、と問う。ぶつくさと返ってくる答えはどうせ、例の「現実を見なきゃ」だ。この差別行為に反応した『週刊現代』の特集記事タイトル「女性医師の手術はいやだ」（二〇一八年九月二二・二九日号）が、現場の声をいたずらに引っ張り上げて利用する空気がどこまでも悪化しうることを教えてくれたが、自分が女だからという理由だけで入学を拒否されるという現実以上に、見るべき現実なんてあるのだろうか。激務でお忙しいのかもしれないが、「ある程度理解できる」医師たちに是非とも、その現実とやらを教えていただきたい。

この件に対する怒りの声を方々で聞いたが、もっとも驚いたのが、友人Mさんのエピソードである。Mさんが「距離のあるママ友」（絶妙な形容だ）に向けて、この得点差別についての苛立ちをぶつけたところ、距離のあるママ友から「えっ、Mさんって、お医者さん目指してたんだ！」と言われたのだという。Mさんはしばらくその意味を汲み取れず呆気《あっけ》にとられていたが、話を続けていくうちに、距離のあるママ友が、Mさんがこの件に怒っているのは、Mさん自身が、医師になりたかったのになれなかった経験を持ち、今こそチャンス到来とばかりに積年の恨みをぶちまけるべく怒っているのだ、と理解していることがわかった。

女という理由で入学を断られた学生についてMさんが怒っている。それは、Mさんもかつて医者を目指していたから。一方、距離のあるママ友は特に怒っていない。なぜか。目指していなかったから。「女だから減点」に対してキレる。周囲にも「キレるよね!?」と期待する。しかし、相手は医師を目指していなかったから、キレないのだ。その「キレない」は「ある程度理解できる」医師たちと知らず知らず結託してしまう。結果、怒っている人が取り残されてしまう。それくらいしょうがない、理解できなくもないよ、という空気に潰される。後日、東京医科大は会見を開き、過去二年の入試で減点しなければ合格するはずだった一〇一人に連絡し、その順位を伝えることなく、入学する意思を示したうちの上位六三人だけに来年度入学を許可する、との意向を示した。コンサートチケットの特別先行予約の権利を与えるかのような偉そうな措置だ。ったく、女が騒いだから、女にも枠を与え直すことにしたけど、まさか、全員ってわけにはいかないからな、という非道な事後対応を、「得点操作」「入試不正」と書いたメディアは、さほど追わない。特別に頑張った女にだけ、相応のポストが与えられるって措置でいいと思っている。どこかの政権のようなスタンスだが、確かに、大きなメディアにおける、指導的地位の女性割合は極めて低い。

　どこかの政権こと安倍《あべ》政権は、二〇一八年一〇月の内閣改造でたった一人だけ女性を登用した。これまでずっと女性活躍を連呼してきたのにたった一人とは少ないですね、と問われた安倍首相は、「今回、女性の入閣は一人だけだが、二人分も三人分もある持ち前の存在感で、女性活躍の旗を高く掲げてもらいたい」と説明、「まさに日本は女性活躍の社会がスタートしたばかりで、これからどんどん入閣する人材が育ってくると思う」とも述べた。入閣した女はただの女ではなく、二、三倍頑張ってくれる女、そんな女がこれからたくさん育ってくるはずだという。まだ育っていないのだそうだ。「今回、男性の入閣は〇人だが、二人分も三人分もある持ち前の存在感で活躍を」とは言われない。一人前で構わない。半人前がたくさんいるようにも見える。男性には持ち前の存在感なんていらないのだ。むしろ、存在感なんてないほうが、すでに用意されたポジションに押し込めやすい。入閣待機組と呼ばれる議員の大半は当選回数を積み重ねてきた男性で、彼らはトップの方針に逆らうこともせず、ただただ頷きながら、出番を待っている。では、「二人分も三人分もある持ち前の存在感」の持ち主はどういう物言いをしてきたか。一人だけ選ばれた片山《かたやま》さつきが、「女性にも『この国を支えなければいけない』という意識を強く持っていただきたい」（小池百合子《こいけゆりこ》編著『20／30《にいまる・さんまる》プロジェクト。』プレジデント社）と書く。選民意識に基づく同性への叱咤《しった》である。

先日、ある文学賞の授賞式に顔を出すと、旧知の男性作家に呼び止められ、「最近の『すばる』、なんか怖いですよね」と言われた。話を聞けば、その「怖い」の正体とはフェミニズム特集を組むなどジェンダーにまつわる問題提起に傾斜している、を指しているとわかる。フェミニズムが持ち前の存在感を有してきたことを怖いとするならば、その恐怖が染み渡ることをむしろ健全に思う。さて、「怖い」と指を差される『すばる』の女性編集者・Kさんから、今回もテーマを設定する文章が送られてくる。毎度のごとく怒りながらも、なにやら戸惑っている。

先日、ある大型書店の文学コーナーを歩きながら、突如、違和感を覚えて立ち止まりました。ここの棚、「男性作家」と「女性作家」に分かれている——なぜ？　いつから？

何度も足を運んでいる店舗のはずなのに、なぜ今まで不思議に思わなかったのだろう？この時代に、しかも書店で性別二元制なんて……と、困惑したままフロアをぐるぐる歩くと、どうやら「エンターテインメント」と「時代小説」は男女同じ棚になっていて、それ以外の小説が、男女別の棚になっているようなのです。

気になったのでさらにフロアの奥に進むと、エッセイの棚もまた、「女性エッセイ」と「男性エッセイ」に分かれています。こちらのコーナーは、タイトルの文言や装丁のスタイルにおいて、より如実に「男女」の差が表れており、思わず「おおお……」と口にしてしまいました。色彩が抑え目な男性エッセイの棚に比べ、女性エッセイはピンクを基調に、色鮮やか。また、しばらく同じ位置から棚を見比べてみたのですが、男性エッセイには「指南書」と思われる本が多いのに対して、女性エッセイは「経験の共有」を試みる本が多いという印象でした。どちらも一人称の語りであるという意味で共通していますが、ここでレベッカ・ソルニットの名著『説教したがる男たち』を思い出し、ゾッとしました。

男女で棚を分けるという方針は、本の搬入や棚卸、あるいは本を探す際の効率化を図るための慣例的／便宜的なもので、その区分けに「差別的では!?」と反応するのは行き過ぎかもしれません。しかし、「慣例」や「便宜」のなかにこそ、差別の根が埋まっているかもしれないと、あえて言ってみたいと思いました。例えば書店の棚だったら、もともとは

「女流作家」として区別され与えられた小さな棚が、どんどん占有領域を拡大し現在の状態になり、「女性作家」の看板だけが慣例として保たれ、管理上の理由が便宜的に後付けされたのではないか……とか。

男／女は、暴力的なほど単純な区分で、いまだに平然と受け入れられている性別役割とも直結する根深い問題だと思います。「女の人のほうが気が利き、丁寧に対応できるから」というのが、受付業務や客室乗務員を「女の仕事」とする人たちの、「慣例」や「便宜」を根拠とした言い分なのでしょうが、これぞ偏見ですよね。こういった「女性の特性」みたいなものって小賢しく振りかざされますが、ジェンダーで職を規定するようなナンセンス、これまたいつまで続くんでしょうか？

「教化」が止まらない

「慣例」や「便宜」の中に、男女差別そのものがあらかじめ埋め込まれている、あるいはできる限りこのまま埋め込んでおこうとする態度が含まれているのは、それこそ先述の「ある程度理解できる」という選択肢と数値に表れている。「そういうことになっているんだから、そういうことにしておこうぜ」という軽薄な現状維持を堂々と主張の軸足にしてしまう声によって、慣例や便宜の是非が検証されぬまま、規律として偉そうにそびえ立ってしまう。Kさんが書店でふと感じた「男性作家・女性作家」の区分け自体、すぐさま差別を表すものではないとは思う。しかし、性別による区分けを発見し、「あれ、これって……」といちいち考えることを強いられ、この区分けもまた、長年背負わされてきたものではないかと検証する作業を繰り返させられるのは、常に女性である（「レディースデーばかりでメンズデーがない！」的な即物的なやっかみはもちろん論外とする。同列にして論証する必要はない。前章で取り上げた「痴漢」を「痴漢冤罪」で潰そうと試みるような働きかけはそう簡単に俎上《そじょう》に載せないことが重要なのだ）。作家・山崎《やまざき》ナオコーラが『母ではなくて、親になる』（河出書房新社）の中で、作家デビュー後に「ただの『作家』になったつもりだったのに、いちいち『女性作家』と紹介されることに抵抗を覚えた」「私には『性別でカテゴライズされずに社会参加をしたい』という信念があるからだ。私は、ただの人間として職業に就いている」と宣言していたことに賛同する。ただの人間でありたい。男性だらけの職場に女性が飛び込むだけで、その職業の頭には「女性〇〇」がくっつく。その意見は、女性を代表したものになる。男性ばかりの場に馴染んでいる状態から語られる野心家、努力家、異端児、といった評価、それこそドキュメンタリーが作られてしまいそうなイレギュラーな感覚は、なかなか変わらない。あちこちでいまだに用意されてしまう「美人すぎる◯◯」などといった形容も、「ただの人間として職業に就いている」からは遠いところにある。

Kさんからの通達をもとに複数の書店を歩き回って作家の棚を確認すると、歴史の長い小中規模の店舗では男女別が多く、比較的新しい小中規模の店は性別では分けていない。そして、大規模店舗は区分している場合が目立つ。出版社の営業担当者に聞くと、店長や限られた社員で店全体の棚を作ることのできる小中規模店舗では男女別に並べることは少なく、歴史のある書店や大きなチェーン店では、慣例として男女別が続いているのではないか、だが、あくまでも傾向にすぎず、書店員の裁量は店によってそれぞれ違うので、その理由を一般化するのは危険だろう、との慎重な見解を得る。その区分けがその店に定着しきっているから変えるのが難しい、という消極的にも思える理由だが、店舗運営にとっては重要なのだろう。新規店ではなく既存のお店で、客も書店員もそれに慣れている状態であればあるほど、変えるのはものすごくエネルギーが要るし、リスクも生じる。メッセージにもなるが、そのメッセージはどういうものなのかと問われるきっかけにもなる。

新宿の紀伊國屋《きのくにや》書店に一九五〇年代に入社し、「読書案内」係としても働いていた田中悦子さんの弁が、永江《ながえ》朗《あきら》『新宿で85年、本を売るということ』（メディアファクトリー新書）に残されている。「読書案内」係はデパートのお得意様係のような仕事だったので、「クレーム係という面もあったんですよ。いろいろな方がいらっしゃいました。私が応対しますと、『なんだ女か。男の人を出しなさい』って、相手にしてくれませんでしたね、当時は」と語る。これが「当時は」に限らず、今も残っていることは後述するが、「なんだ女か」はあちらこちらで放置されたままになっている。男子トイレ・女子トイレの他に「みんなのトイレ」や「だれでもトイレ」が整備され始めているように、ただただ性別を二つ並べるだけでは、そこに当てはまらない人が出てくるという意識は、とにかくゆっくりと浸透してきた。その手の指摘を受けては改善、という動きを繰り返していくしかない。その過程で、書店の売り場も徐々に切り替わっていくのだろう。

Kさんがエッセイコーナーで抱いた、男性エッセイ＝「指南書」、女性エッセイ＝「経験の共有」への違和感は理解できる。『話を聞かない男、地図が読めない女』という二〇〇〇年刊行のベストセラーがあるが、こちらは割と話を聞くのが好きな男だし、地図を読むのが苦手な男なので、この手の本を一切信用してこなかった。星座占いだろうが県民性だろうが、男性脳・女性脳だろうが、区分けによって「あるある！」という興奮を作り出して商売に変換する仕組みに、意識的に興味を削いできた。男性エッセイが「オレみたいな人間になれよ」で、女性エッセイが「こんな私でも大丈夫なんだから」だと大雑把に区分けするのも危ういけれど、まったく的を射ていないとも思えない。そういう商売だから、と開き直った姿に食らいついていく主張をこちらで作るのも難しい。

考察すべきは、Kさんが、ふらりと立ち寄った書店で「男性が女性を『教化』しようとする姿勢」を感知してしまったことである。男性優位社会を事細かに検証しようと試みると、作家から、たちまち「なんか怖い」と言われてしまう日本社会において、その気づきは膨らんだままだ。様々な局面での男性による「教化」に気づく。だがその気づきが、怒っている女性の考え過ぎ、と片付けられる慣習に潰され、苛立ちがさらに膨張していく。Kさんも話に出していたレベッカ・ソルニット『説教したがる男たち』（ハーン小路恭子《しょうじきょうこ》訳、左右社）は、「マンスプレイニング」（男性が、女性に対して、見下ろすようにして、偉そうに物事を解説すること）という言葉を生み出すきっかけとなった一冊だが、その中に痛烈な指摘があった。

> 女性が男性、特に体制の中心にいる人物を批判すると、女性の主張が事実であるかどうかはおろか、話をする能力やその権利があるかどうかまで疑いにかけられる。
>
> 興味を引かれるのは、（中略）女性は支離滅裂でヒステリックだと常日頃から言い立てる身ぶりそのものが、支離滅裂でヒステリックであることだ。

ある場に、意見が出される。で、その意見は、女が出したものである、となった途端、なぜその意見をその女が言っているのかの精査から始めようとする風土が残る。

先日、『母がしんどい』などの著書を持つ漫画家・田房永子《たぶさえいこ》と対談イベントを開いたのだが、途中で、個室ビデオ店の話になった。大きな駅の近くや繁華街に必ず存在する個室ビデオ店は、主に男性がアダルトビデオを鑑賞し、自慰行為をするために用意されたスペースである。入店すると、所狭しとアダルトビデオが並べられており（申し訳程度に普通の映画も置かれている）、それらをいくつかピックアップして個室に移動する。以前、七〇歳を超えてもなお作品を撮り続けるAV監督・ヘンリー塚本《つかもと》を取材するにあたり、監督作品を大量に見る目的で入店したが、分厚くない壁を挟んだところで自慰に励む男たちがいる環境の心地悪さったらない。その場で仮眠する客もいるようだが、田房は「休もうと思えば休める場所が、いつも、男にだけ用意されている街の異様性」についで話していた。ある時、田房が、疲れた体を休めようと、渋谷で女性専用の昼寝スポットを探すと、ようやく一件だけ引っかかった。その場に出向いてみたものの、既に閉店していたという。男にはあんなに休める場所があるのに、女にはそれがない。大きな駅を降りれば、自由気ままに自慰行為に及べる場所が、仮眠できる場所が、男にだけ、いくらでも存在しているのである。この非対称性は街を歩いていてもなかなか浮き上がってこない。街の表層は、消費の中心を「若者×女性」に設定し、それに合わせたものばかりになっている。だが、消費ではなく、休息や滞在を考えた時、男の優位性が光り始める。男はそれを知っている。過ごしやすさを女に隠そうとしている。

男が繰り返し「こっちだって大変」と言い続けてきた歴史に対して、いや、そうやって区分けせずに平等にお願いします、という実直な申し立てが重ねられてきた。だがとにかく、こっちだって、と「教化」が止まらない。大変だ、差別だ、の総量を比較考査するわけでもなく、こっちにもあるんだぜと提示してくる限りにおいて、差異は保持される。こっちだって大変、という決まり文句は、理解ではなく、無理解の保持、あるいは培養に使われる。男と女の差異を、保持したがっているのだ。

「ガラスの天井」と「ガラスの地下室」

ポール・ナサンソン／キャサリン・K・ヤング『広がるミサンドリー　ポピュラーカルチャー、メディアにおける男性差別』（久米《くめ》泰介《たいすけ》訳、彩流社）は、ポピュラーカルチャーの中でミソジニー（女性嫌悪・女性蔑視）の対抗概念としてのミサンドリー（男性嫌悪・男性蔑視）が浸透しているのではないか、と指摘する大著。著者は、男性の存在がネガティブに捉えられている、と主張する。つま「男性の人間が悪い行動しか選択しないと暗示することは、男性が悪であることを暗示する。

り十分に人間ではないということだ」とのこと。この訴えでは、殺人鬼にしろ、レイプ魔にしろ、非道な犯罪を行った男性が世の男性として一般化されている。著者はさらに、マスコミは「特に社会の関心を集めているセンセーショナルな事件において、『女性問題』にコメントする方が利益があることがわかってきた」とし、メディアで男性は常に悪魔化されると強調する。

> 私たちの時代では事実上、フェミニストイデオロギーによって男性たちを恐怖することは正当化されている。フェミニズムの原理的前提は男性がしてきたことは女性にもでき、そして女性もするべきということだ。その「するべきこと」が正確に意味するのは女性は免れるであろう男性アイデンティティに基づく道徳的な悪以外のことだ。（傍点原文）

つまり、カルチャーの中で描かれる非道な人間はおおむね男性で、それについては女性は免れるんだろ、といういちゃもんである。男性政治家などによる女性蔑視発言が流れると、おおよそこの手の擁護が湧き出てくる。映画『キルトに綴る愛』についての映画評論家・キャリン・ジェームズの言葉が引用されている。「女性による女性に関した映画を見つけるのは難しくない。しかし雄弁で知的で男性を歓迎しているこのような映画は珍しい」。数ヶ月前に潰れてしまった地元のレンタルビデオ店を思い出す。二階に上がってすぐの棚には「戦争」コーナーがあった。「雄弁で知的で男性を歓迎している」映画は、ちっとも珍しくなかった。こういう映画はいつになったら永遠にゼロになるのだろう、と腕を組みながら通り過ぎたものである。

レイプについての議論では、女性の「ノーがいつもノーを意味してるわけじゃない」「多くの女性は口説かれない限り『イエス』と言いたがらない」という記述が飛び込んでくる。前後の文脈がどうであろうとも、この時点でもうアウトだ。非対称性を女性が訴えると、それをどうにかして対称に持ち込もうとする方法を模索するのではなく、男性側の非対称性を持ち出し、非対称同士で争いごとを起こす構図を作り、今そこにある非対称性が維持される。「どっちもどっち」に持ち込めば、現状が維持される。つまり、男の優位が保たれる。

候補者における男女の数を均等にするように政党に求める「候補者男女均等法」が二〇一八年五月に可決・成立した後、作家・竹《たけ》田《だ》恒泰《つねやす》が「女性議員を増やせば女性の意見が国会に反映されるというが、本当だろうか。本来意見を聞きたい普通の主婦やOLのような標準的な女性で、国政選挙に立候補しようとする人は稀であろう」「野党でよく知られる女性議員の顔を思い浮かべれば、多くが『標準的な女性』からはかけ離れていることが分かる」（「君は日本を誇れるか　第五〇回　『候補者男女均等法』が国を滅ぼす」『正論』二〇一八年七月号。傍点引用者）と語っていたことが象徴的ではないか。こういうことを言ってくる女って普通の女じゃないよ、という言い分は、半永久的に投げつけられている。オレの決めた標準値から逸脱しようとする女性は異様だ、とする男性の手つきこそ異様なのだが、そっちが指を差してきたんだから、こっちにも指を差し返す権利があるよね、とする幼い仕返しが、男女平等に持ち込ませない野心として機能し続けている。

ヒラリー・クリントンや小池百合子などが連呼してきた、女性には突破できない壁があり、時とともに地位や役職が頭打ちになる、「ガラスの天井」というフレーズがある。その非対称性を消すかのように、ワレン・ファレル『男性権力の神話 《男性差別》の可視化と撤廃のための学問』(久米泰介訳、作品社)では、「ガラスの地下室」なる言葉が出てくる。社会から使い捨てられているのは男性ばかりである、という主張のもと、一〇の「ガラスの地下室」を記す。「自殺」「刑務所、服役者」「ホームレス」「死の職業」「疾患・病気」「暗殺と人質交渉」「死刑」「徴兵」「戦闘」「早期死亡」。どうだい、これらについては、男の方が多いじゃんか、との主張。むろん、そのそれぞれには女性たちも含まれるし、「地下室」の男女の内訳を証明したところで、それが「ガラスの天井」の維持を認める論拠にはなるまい。昨今、あちこちから「男もつらいよ」的な言説が流れるが、あちこちに用意されたままになっている「男/女」の区分けが、「男もつらいよ」を頼りにしながら、不平等なまま自動更新されているのではないか。映画の『男はつらいよ』の主人公はあちこち歩きまわっているが、こうして放たれる「男もつらいよ」は、その場に胡座《あぐら》をかくように使われる。つまり、男もつらいんで私はじっとしていますよ、動きませんよ、というのだ。

均等配分形成済平等幻想

Kさんは、「『女の人のほうが気が利き、丁寧に対応できるから』というのが、受付業務や客室乗務員を『女の仕事』とする人たちの、『慣例』や『便宜』を根拠とした言い分なのでしょうが、これぞ偏見ですよね。こういった『女性の特性』みたいなものって小賢しく振りかざされますが、ジェンダーで職を規定するようなナンセンス、これまたいつまで続くんでしょうか？」と言う。ワレン・ファレルが主張する「ガラスの地下室」では、男性が危険な職に就き、女性は安全な職に就いていると区分けされている。「危険の高い職業　消防士・九九％男性　伐採作業員・九九％男性　トラック運送・九九％男性　建造業・九八％男性　炭鉱夫・九七％男性」の一方で、「安全な職業　秘書・九九％女性　受付係・九七％女性」（改行など表記は引用者が調整）とある。男性が多く就く職業の特性は「死にやすい」にあるらしい。

男性が就いている職業の賃金が高い理由の一つは、それらがより危険だからである。付加される賃金はおそらく「死の専門職のボーナス」とでも呼べばいいのだろう。そしてその死の職業の中でさえ最も危険な部分の仕事は、男性に割り当てられる傾向が強い。

想像に易いが、男性に割り当てられたそれらの職業は、実際は多くの仕事と比べて賃金が安い傾向にある。では、賃金の高い仕事における男女比はどうだろう。そして、天井でも地下でもない仕事における男女比はどうだろう。

Kさんが言うところの、小賢しく振りかざされる「女性の特性」に見合った職業は、「安全な職業」と括られる。果たして、「安全な職業」は、本当に安全なのだろうか。友人のつてをたどり、七年の間、東京にあるデパートで受付を務めていた女性に話を聞いた。

大学卒業後、広告会社の事務として働くも、入社後すぐに終電で帰宅する日々が続き、たまの休日にも先輩から「休んでるんだ？」とメールが送られてくるような職場だった。その会社を一年ほどで離れ、続いて営業の仕事に就くも、ノルマが厳しく数年で離職、残業とノルマのない接客業を条件に職探しをしたところ、エントリーできたのがデパートの受付担当と、ある施設の、いわゆる「エレベーターガール」だった。先に決まったデパートの受付として働くことになる。真っ先に手渡されたマニュアルには、「心地よい、風のような接客を心がけるように」とあった。

以前の職場と比べ、五人の女性たちでシフトを組む仕事に心身の負担は少なかったものの、時折やってくるクレームの対応には、各人が苦しめられることになった。「クレーム？　ああもう、それは、おじさんばかりです」と彼女が即答する。「財布を忘れてしまったから、駐車場代をタダにしろ」と凄んでくる男性がいた。当然、拒否し、「近くの交番でお金を借りることができますので」と丁寧に応じるもヒートアップ。そのまま立ち去った男性の様子を、念のため、駐車場の監視カメラで確認すると、キレながら財布を取り出し、料金を支払う姿が映っていたという。あるいは、「僕は金持ちだから」と言いながら、毎日のように近くにあるスーパーで高価な弁当を買って渡してくる男性もいたし、受付の女性たちの写真を撮り、コレクションし、「名前を書いて」と写真を差し出してくる男性もいた。クレームに対応したそばから「お前じゃ話にならん！」と叫ばれ、当該の部署に内線を回そうとするも、電話機のディスプレイを見て受付からの内線だと把握した社員に、「クレームならやめて」と切られてしまったこともある。「オレ、ここに知り合いいるんだからね！」と居丈高《いたけだか》に言ってくる男性もいた。「いらっしゃいませ、って言わなかった女がいる」と本部に報告した男性もいた。果たしてこれは、「安全な職業」なのだろうか。

　そもそもなぜ、デパートにしろ、病院にしろ、大きなオフィスにしろ、施設の受付は女性の仕事と決められているのだろうか。そこに男性が座っていた例を知らない。彼女に聞けば、「そんなの、理由は決まっていません。給料が安いから。やろうとする男性なんていませんよ」と即答。ならば、むしろ女性には、「ガラスの天井」と「ガラスの地下室」が二つともあるのではないか。

　歯科受付のための指南書、林美穂《はやしみほ》／下釜祐子《しもがまゆうこ》『デンタルオフィスナビゲーション　歯科医院の受付はコンシェルジュ　賢く・優しく・美しく』（医歯薬出版）には、「女性の感性を磨く」との項目に「外見が清潔感にあふれて美しいというだけではなく、内面的な面での女性のもつ優しさ、心の美しさを備えた素敵な存在」でいましょう、とある。なんだか要請が多い。内面的な面、って何だろう。茶菓のサービスの方法が列挙されており、緑茶の出し方ひとつをとっても、一〇もの詳細説明がある。

・お盆は胸の高さで、湯呑みに自分の息がかかったりしないように、右か左に寄せて両手で持つようにします。
・来客の正面に湯呑みの模様を向け、茶托《ちゃたく》の木目は来客と平行になるようにセットします。

いいよ、胸の高さじゃなくて。いいよ、正面・平行じゃなくて。こういった職業が、優しさだの美しさだのを背負いながら、女性ならではの職業として維持されてきた。ヴィクトリア・ヴァントック『ジェット・セックス　スチュワーデスの歴史とアメリカ的「女性らしさ」の形成』（浜本隆《はまもとりゅう》三《ぞう》／藤原崇《ふじわらたかし》訳、明石書店）は、客室乗務員という仕事が、戦後すぐには「男性優位が崩れることへの不安感」が広がった中での「『内に秘めた男らしさを回復』する空間」を作り上げることであったと明かしている。やがて、採用を担当する面接官たちが、「候補者が綺麗な脚をしているかどうか確認して、『太いふくらはぎ』『極端に細いふくらはぎ』、あるいは、『極端に太い足首』の女性は、採用しないよう指示していた。面接中、候補者たちはスカートを膝までまくし上げて、脚を見せ、また、部屋のなかを歩くよう指示」されるようになったとある。もう一回繰り返す。果たしてこれは、「安全な職業」なのだろうか。

Kさんの言う「『慣例』や『便宜』のなかにこそ、差別の根が埋まっているかもしれない」の「かもしれない」はとってしまって構わないのではないか。慣例や便宜の改善を促そうとしても、「標準的な女性」「内面的な面での女性のもつ優しさ」などといった女性像（で、一体、それは誰なのだろう？）が浮上し、基準値が用意され、慣例や便宜が維持される。斎藤美奈子《さいとうみなこ》が『紅一点論――アニメ・特撮・伝記のヒロイン像』（ちくま文庫）で「世界は『たくさんの男性と少しの女性』でできている」と書いてから二〇年以上が経過したが、この仕組みは一向に変わろうとしない。「少しの女性」をどのように用意するのかを「たくさんの男性」が考え続けている。その結論として、何倍もの存在感を放て、と命じる現在。条件を満たした女なら歓迎する男女平等社会、という矛盾した響きを無理やり成り立たせているのは誰なのか。どこにいるのだろう。どれくらいいるのだろう。「平等に区分けしているだけです」というアピールはおおむね歪《ゆが》んでいる。書店の棚が男女に分かれていることに特段の差別意図はないだろう。しかし、これまでの歴史において、平等を保とうとする動きがおおむね不平等であったのだから、「平等かと言われたら、不平等かも」とK

さんがいきり立つのは、自然なことである。

二〇年近く前に打ち出された、二〇二〇年までに指導的地位の三〇%を女性にするという政府目標は達成されなかった。口を開けば「女性活躍」と連呼してきた政府がその目標を達成できないって、それなりに深刻な事態だと思うのだが、このフレーズを連呼し始めた時に見かけた組織「輝く女性の活躍を加速する男性リーダーの会」(読み返すたび、何度でも苛立つ日本語である)は規模を拡大している。内閣府男女共同参画局「『輝く女性の活躍を加速する男性リーダーの会』行動宣言　賛同者による女性の活躍推進報告書」(二〇一七年一二月)を読むと、会の行動宣言を発表してから「約3年半が経過し、行動宣言賛同者は150名を超えました」とのこと。それに続くのが「この間、社会における女性活躍の気運は、着実に高まってまいりました。女性の就業者数は増え、意思決定ポジションに就く女性の数も少しずつではありますが増加しています」であるというのは痛烈な皮肉である。賛同者はしっかりと規模を拡大する一方、意思決定ポジションに就く女性は少しずつ、、、増加しているのみなのだ。「男性が女性を『教化』しようとする姿勢」に賛同者が集まっている。女性の働き方に気を配っているとアピールする経営者が増えることは歓迎すべきことだが、アピールで終わらせてはいけない。今、ジェンダーの問題を考える時に停滞を感じたとしたら、この手の「すでに平等が維持されようとしています」とのイメージ戦略が浸透しそうになっているからではないか。勝手に仕上がっていく平等に対して異議申し立てをするからこそ、ヒステリックだな

ど と、昔から変わらぬ応対を受けてしまう。

国立情報学研究所の新井紀子《あらいのりこ》教授が、ある件について、海外の識者三人から同じ指摘を受けたとコラムに書いている（朝日新聞・二〇一八年七月一八日）。その指摘とは、「日本のロボット・AI（人工知能）研究開発はジェンダーバイアスを助長している。なぜ社会は問題視しないのか？」というもの。問題視したのは東京五輪などに向けて開発が進む「受付嬢ロボット」。見た目も声も人間の受付嬢にそっくりに作られているロボットについて、口を揃えて、「『受付という労働を担う人＝従順そうで美しい風貌の若い女性』というステレオタイプを許容し、ジェンダーバイアスを助長している」としたのだ。こういった着眼を伝え、女性の問題として語ろうとするたび、そんなことまで問題にしなくていいのではないか、という「均等配分形成済平等幻想」が顔を出す。でも、今、駆逐すべき点はこのあたりに存在していると読む。ちっとも平等ではないものを、いや、もう平等っすと急いで決めつけ、蓋をする。その一方で、引き続き考えていかなきゃダメな時代っすよね……で片付ける。いずれかの議論ばかりだからこそ、東京医科大で得点差別が起きようとも、そこで「えっ、Mさんって、お医者さん目指してたんだ！」なんて意見が浮上してくる。「たくさんの男性と少しの女性」による社会が、「男性がたくさんではいけないと思っているけれどやっぱりこのままのほうがいいと思っている男性と、少しの女性」で構成される社会に切り替わった。これを改善と言えるのか。好きな言葉ではないが、アップデートと言えるのだろうか。さらに嫌いな流行り言葉だが「男女平等2・0」と言えるのだろうか。むしろ、既存のまま、「1・0」のままに押し留めようとする強い力が、まだまだ支配していないだろうか。

四章

それでも立って尿をするのか

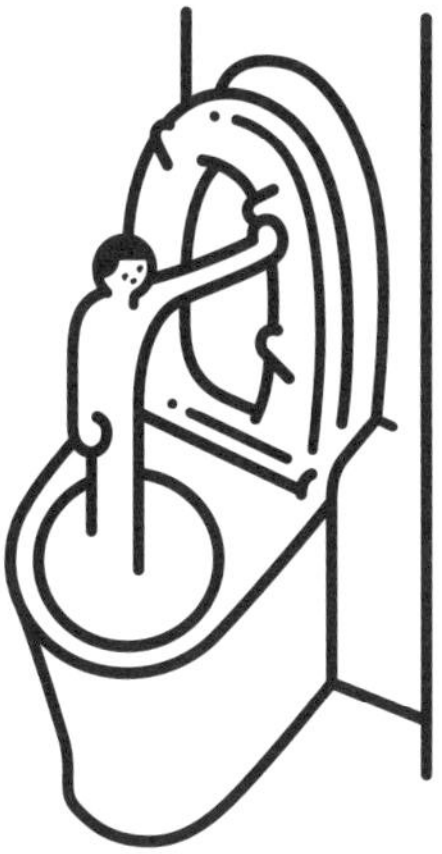

女性が輝くトイレ

子育て政策の充実を目的に、党を超えて結成された「超党派ママパパ議員連盟」の座談会（東京新聞・二〇一九年一月五日）を読みながら卒倒する。二〇〇〇年に議員の一人が妊娠を公表したところ、周囲の議員から「国会議員が妊娠するのか！」と驚かれ、欠席届を出そうとすると、欠席理由を書く欄に「出産」は存在せず、「その他（突発的な事故）」をチェックせざるを得なかったのだという。国会に居座る皆さまも、おそらく出産によって生を受けたはずだが、なぜだか議員による出産は、突発的な事故として処理され続けてきた。それとも、「国会議員が妊娠するのか！」と驚いた方々は、妊娠・出産以外の方法で生まれてこられたのだろうか。だとしたら謝りたい。

さらに驚いたのが、立憲民主党・蓮舫《れんほう》と公明党・高木美智代《たかぎみちよ》による、国会内にあるトイレについてのやりとりである。

蓮舫　女性のトイレ環境も良くない。今は本会議場の横は、男性トイレのスペースを半分女性用にしている。衆議院にいたっては上がオープンという驚くべき環境です。

高木美智代　話し声も全部聞こえちゃうのよね。

男性トイレのスペースを半分女性用にしている、という記載だけでは、具体的な環境を事細かに頭に浮かべることは難しいが、高木が、「話し声も全部聞こえちゃう」と述べているのは、高木なりに言葉を選んでいるはずで、排泄《はいせつ》行為の音までもが筒抜けになっているのではないか。直ちに改善すべきだ。何がしかの壇上で、女性が輝く社会云々などと叫ぶ前に、男女のプライバシーがそれぞれ確保されたトイレ作りが急務だろう。男性トイレの半分を女性用にしているようでは、女性が輝けるはずもない。輝くとか言っている暇があれば、ちゃんとしたトイレを。

安倍晋三《しんぞう》首相（当時）が「私の感覚では『女子力開花内閣』かな（笑）」（産経ニュース・二〇一四年九月六日）と自画自賛した改造内閣が組閣され、小渕優子《おぶちゆうこ》経済産業大臣ら五人の女性の閣僚が誕生すると、入閣待機組（という言葉を定期的に聞くが、この列に並んでいればもうちょっとでありつけるはずだと辛抱強く並ぶ行為が周囲にバレていることに恥ずかしさを覚えないのだろうか）のベテラン議員の間では「オレたちもスカート穿《は》こうか」「オレも赤ちゃんが産めたら、大臣になれたのに」というジョークが飛び交ったそう（『週刊現代』二〇一四年一〇月四日号）。一般企業なら即座に吊るし上げられる発言でも、出産を「突発的な事故」と事務処理する環境下では、この手の賞味期限切れの、いや、賞味してよい時などなかったセクハラが機能してきてしまった。話し声が全部聞こえちゃうトイレが改善されてこなかったのも、この風土と無関係ではないだろう。女性に向けて、「君たち、この世界では、イレギュラーでいてくれ」と投げて、「はい、私たち、この世界ではイレギュラーな存在ですものね」と返してもらっているような環境で、トイレのプライバシーが、論議されずに放っておかれる。男性トイレのスペースを半分女性用にしているのって、どう転がっても、政治家が好んで使う「女子力」が開花していない。

なお、職場におけるトイレのルールは厳しく定められており、労働安全衛生法に基づく労働安全衛生規則にはこのように明記されている。正直、こんなものが存在しているなんて知らなかった。

第六百二十八条　事業者は、次に定めるところにより便所を設けなければならない。ただし、坑内等特殊な作業場でこれによることができないやむを得ない事由がある場合で、適当な数の便所又は便器を備えたときは、この限りでない。

一　男性用と女性用に区別すること。

二　男性用大便所の便房の数は、同時に就業する男性労働者六十人以内ごとに一個以上とすること。

三　男性用小便所の箇所数は、同時に就業する男性労働者三十人以内ごとに一個以上とすること。

四　女性用便所の便房の数は、同時に就業する女性労働者二十人以内ごとに一個以上とすること。

この基準に照らし合わせるならば、女性用のトイレが男性のトイレに紛れ込んでいるように思える国会議事堂は、「坑内等特殊な作業場」ということにさえなってしまうが、あの場は炭鉱や鉱山と同じ基準なのだろうか。ママパパ議連の話から想像するに、本会議場のトイレの設置状況は「男性用と女性用に区別すること」を満たしていない。女性議員が日々、これほどの苦痛を味わっているとは知らなかった。トイレをどのように設置するかには、その国の、会社の、地域社会の、施設の、あるいは家庭のジェンダー規範がにじみ出る。

小宮信夫《こみやのぶお》『写真でわかる世界の防犯　遺跡・デザイン・まちづくり』（小学館）では、トイレを犯罪の温床ととらえ、犯罪誘発性をいかにして下げるかを画策してきた、各国の取り組みが紹介されている。たとえばニカラグアのマナグアのトイレでは、男性用と女性用の入口がそれなりに離れた場所に置かれている。日本の場合、まっすぐ入っていき、ある地点で男女それぞれの入口がすぐそばで左右に分かれていることが多い。この作りでは、誰にも気づかれず侵入することや、「あっ、間違っただけ」と言い張ることもできてしまう。カナダのトロントのトイレでは、個室の下が全面的に開いており、連れ込みを防ぐ仕組みになっている。これも、万が一、強引に連れ込まれた時に、外から気づけるようにするためだ。トイレの設計において男女をなるべく近接させないよう改善が重ねられている様子と比べれば、男性用を半分女性用にして、上がオープンという国会のトイレはどこまでも異様で、あまりに遅れている。

なぜ新幹線のトイレの便座は上がっているのか

本章はひたすらトイレの話をする。なかでも、「誰から何を言われようとも便座を下げずに立って尿をする男」の話をする。その行為には、マチズモをめぐる、様々な問題点が付着していたのだ。毎度ながら、編集者Kさんから怒りのメールが届く。まずはお読みいただこう。

砂鉄さん、私、気づいてしまいました。トイレの便座がデフォルトで上がっていることに。

昨年、出張で新幹線移動をしていたときのこと。トイレに入ると、便座が上がっている。「また、どこぞのやからが立って尿をした後下げ忘れたのか」と、男女共用のトイレを使うと高頻度で吐《つ》くことになるあのため息を吐きながら、センサーで反応する専用のボタンを使って便座を下げ、用を足し、トイレを出ようと鍵を開けました。そのとき、手を洗うのでハンカチを取り出しておこうと、その場で少し立ち止まりカバンの中を探っていたのです。すると背後から「ウィーーーン」という動作音が。恐る恐る振り返ると、便座が上がっていました。つまり、鍵を開けると自動で便座が上がる仕組みになっていたのです。

　これだと、立って小便をする男性は便器に対しほぼゼロ動作で用を足し、そのまま出ていける。対して、女性は毎度便座を下げる動作を行わなければ、トイレを使えません。たしかに、便座を上げないまま立って用を足され便座や床が汚れてしまう状態よりは、よっぽどマシです。衛生的にも清掃のオペレーションという観点からも、理にかなっています。上がった便座を触って下げるよりは、センサーボタンが付いていて触れずに下げることができる仕組みは、非常にありがたいことです。

　しかし、便座が上がっている状態がデフォルトって、どうなんでしょうか？　イノベーションの発想として、「後に使う人を気遣って、積極的に便座を下ろすことを促す」のではなく、「男性が便座を上げ下げする手間を省略できる」ようになっているのが引っかかり、やはり男性にとって最も使いやすい仕組みとして設計されたのでは？　と思ってしまいました。

便座が上がった状態のトイレに入った女性は、まず、「うわぁ（悲）」と思うはずです。センサーで下げられるとかは関係なしに。

なぜ、男性が使用後に便座を下げないことが前提となっているのですか？　男性も、便座を下ろして大便器として使う状況も多々あるわけですよね？　世の中は、男性に気遣いを求めることを諦めたのですか？

……つい感情的になりましたが、トイレ問題、現場からは以上です。


なるほど。感情的ではなく、冷静な問いかけである。自分は日頃、便座を下げ、座って尿をしているので、「なぜ、男性が使用後に便座を下げないことが前提となっているのですか？」という問いを男性として受け止めたことがなく、ひとまず口ごもる。本章を書くために、トイレにまつわる専門書や資料をいくつか通読したが、公共空間にあるトイレが汚れないようにするためには、汚さないようにするしかない。禅問答のようだが、それしかないのだ。汚れたトイレを見ると、人は、汚れているのだから汚してもいいトイレ、と認識する。人が来れば来るほど汚れが広がっていく。汚くなったトイレが利用者によって綺麗になることはない。複数の小便器が並ぶ広いトイレに行くと、状況が悪化している小便器と、そこそこ清潔を保っている小便器に分かれる。床に尿がこぼれていれば、それを避けて尿をする。さらに尿がこぼれる。汚れていないトイレならば汚さない人間も、汚れているトイレは汚してしまう。汚す理由は、汚れているからである。

新幹線は最長区間でも五時間程度なのだから、最初に汚す誰かを発生させなければ、清潔な状態を最後まで維持することができる。周知の通り、男性専用の小便器は別途用意されているので、男性が共用トイレに入るのは基本的に大便の時のみでいいはずだが、そうはなっていない。男性が洋式トイレで立って尿をする行為は、トイレの汚れに直接的に影響する。しかし、人は他人の排泄行為の実情を把握できない。その様子を知らない。加えて、男性・女性と二つに区分けして語るだけではなく、子ども、トランスジェンダー、車椅子での利用者、人工肛門や人工膀胱《ぼうこう》で排泄する人たちなどが、それぞれに行きやすいトイレであるべき。その時、デフォルトで便座が上がっている状態をどう捉えたらよいのだろうか。

「男性が便座を上げ下げする手間を省略できる」からではないか、というKさんの指摘に納得しつつも、結論とするのは早い。日頃から洋式トイレに向けて、立って尿をする人は、積極的に接触したいとは思わない公共空間の便所でも、当然、立って臨むことになる。理由は、自分が汚れないから。素早く済ませられるから。こちらは、新幹線の共用トイレで尿を立ってしたことがないのでわからないが、多少なりとも揺れている車内で、的確に便器に尿を向けることができる自信はない。座って尿をしない男性ならば、便座を下げた状態で立って尿をしてしまうよりも、便座を上げた状態のほうがしやすいし汚れない、とでも言うのだろう。しかし、それでは、汚れた足場で用を足す女性ばかりが、いくつもの不利益を背負わされていることになる。自動で便座が上がることを知らない女性の乗客が「どこぞのやからが立って尿をした後下げ忘れたのか」と小さな舌打ちをしているならば、座って用を足した男性としても迷惑な話である。なぜ、多くの新幹線で便座が上がったままになっているのか。

「男だったら立ってするべきだ」

列車内に設置されているトイレについて、その歴史を簡単に振り返っておきたい。一般旅客向け車両にトイレが設置されたのは一八八九年の東海道本線全線開業（新橋―神戸間）に伴ってのこと。当初は、汚物の車両外への垂れ流しの状態が続き、線路の外にまで飛び散っていた。さすがに線路外に飛び散るのは不衛生ではないかと、次にとられた措置は、少なくとも線路内に落とそうというもの。一九五五年に誕生した軽量客車以降は、トイレ位置を車体端部に設置し、線路内に汚物を落とすようにした。それ以前の一九五〇年に、列車から撒《ま》かれた汚物がどのように散乱するかについて、赤インクを用いて調査した医者たちがいる。その調査によれば、なんと汚物が、列車の窓や雨《あま》樋《どい》まで舞い上がっていたことが発覚、排出される汚物はもはや公害だった。汚物を溜め込んでいく貯留式や、消毒薬液を混入しながら汚物を泥水状にして排出する粉砕式などが模索されたが、なかなか普及しなかった。ようやく在来線で循環式のトイレが導入されるのは、七〇年手前から。東海道新幹線はいち早く六七年から循環式を使っていたが、高速でトンネルに突入した際、気圧変動によってタンク内から噴き出た汚物が用を足している人に直撃するという悲劇も起きていたという。現在の真空式（排出弁のシャッターで堰《せ》き止《と》め、真空状態を作り、排泄物を吸い込む方式）に至るのは九〇年代のこと。とにかく長い試行錯誤があり、今があるのだ（以上、本段落は、日本トイレ協会編『トイレ学大事典』〔柏書房〕を参照した）。

駅や列車のトイレは長らく和式が中心で、洋式がメインになってきたのは最近のことである。二〇一八年四月、ＪＲ東海は、東海道新幹線全一七駅の和式トイレを全て洋式化し、温水洗浄機能付き便座を設置することに決めた。バリアフリー化も同時に進め、温水オストメイト（人工肛門・人工膀胱造設者）用洗浄設備、荷物用フック、ベビーチェア、床面の段差解消なども一気に行っていくという。あらゆるところで、和式トイレの廃止と洋式トイレの導入が進んでいる。この動きは、鉄道関係だけではなく、多くの公共施設で同様に広がっている。学校でも、和式トイレが減ってきた、一切なくなったとの報道を時折見かける。気づけば洋式ばかり。となれば、洋式トイレで立って尿をする行為への議論はもっと重ねられていい。

彰国社編『今を映す「トイレ」　ユニバーサル・デザインを超えて、快適性の先に』所収の座談会、「大規模施設のトイレの変遷とこれから」に、JR東日本ビルテック技術部部長が登場、この時点（座談会の初出誌は二〇一六年刊）で、男性便所の「利用時間の推移をJRの10年間で見ますと、個室は若干、平均時間が短くなっています。つまり、小として使っている人が少なくともいるのではないかという憶測が立てられます」（傍点引用者）と述べている。JRのマニュアルは二〇一一年度に大きな変更があり、トイレについて、「これから改修するものや新設については、基本は洋式とする」とした。座談会に参加した、同じく鉄道会社の京王電鉄開発推進部施設管理担当課長が興味深いことを漏らしており、「洋式便座の上に載って用を足す人はいますね。以前、洋式の便座がよく割れることがありまして、ヒールのかかとが便座にあたって割れていることがわかったのですが、実はそこのフロアには和式便器がありませんでした」という。洋式の便座に座ることを拒み、便座の上に乗っかったり、中腰で便座に触れないままする人が多いことを、当然、鉄道会社も把握している。

「座って尿をしてくれない男」は、夫婦間のあるある話として定着して久しい。定着して久しいのは、どこかで「その程度のもの」「努力目標」くらいの認識が続いているということ。「オレ、赤信号で渡っちゃうタイプ」は注意されるが「オレ、立って尿をするタイプ」はまだ放置されている。

真剣には問題視されていないのだ。

多くの新幹線で便座が上がったままになっているのは、男性客を優先した措置なのだろうか。いや、そんなの「どちらかといえば男性優先」くらいなんだから、問題ないのではないか、と考える人も少なくないだろう。だが、男性には男性専用の小便器が別に用意されているのだから、男性がそのトイレに入る時は基本的に大便をしにくる時である。先述したJR東日本の担当者がほのめかすように、時に大便器に向かって小便をする人が「ここでもできるし」くらいの感覚で入ってきている可能性はある。その程度の感覚を優先すべきとは思えない。切実なほうにあわせるべきである。便座が上がった状態というのは、その逆の判断だ。

そもそも、立って小便をすることに、ある一部の男性はなぜ固執するのだろうか。場所を選ばずに行為に及ぶ立小便は、時に「男らしさ」や「男の契り」の一形態として語られてきた。坂口安吾《さかぐちあんご》は「わが戦争に対処せる工夫の数々」(『坂口安吾全集　5』ちくま文庫)の中で「近頃では立小便は罰金をとられるけれども、あの当時は、焼け残った家の便所で尤《もつと》もらしく小便するのが奇怪なほどで、遊びにきた人に、オイオイ、君、外へ行かなくっても家の中に便所があるよ、と言っても、イヤ、面倒だよ、と云って、わざわざ下駄をはいて外へでてシャアシャアやっている」と記したし、別役実《べつやくみのる》は「正しい立小便の仕方」(『日々の暮し方』白水Uブックス)で、男は「日に一度は、立小便をしなければいけない」とし、「それによって、何かが『抜けた』感じがあるのは確かなのであり、えも言われぬ爽快感が感じとれるのである。つまらぬ衛生思想などで立小便を禁じ、公衆便所での用便を強制するのは、これを体験したことのない人間に違いない」と述べている。

外で小便をすることと、洋式トイレに向かって立って小便をすることはイコールではないが、「小便くらい好きにさせろよ！」という乱暴な見解が彼らと同じくらいのテンションで未だに生息している。「『汚れるから』『掃除が楽』というのが理由らしいが、立って用を足すことは男の〝特権〟でもある」と始まる、「男は立ってすべきか、座って済ませるか…激変『男のトイレ事情』奥様に怒られる？」というタイトルの産経ニュース（二〇一四年一〇月一九日）を読む。トイレ掃除を男がする可能性をそもそも想定していない保守層向けの媒体ならではの本音が、導入部分とタイトルにたちまち溢れ出ている。「奥様」に怒られながらも「男の特権」を優先する具体例として、宮城県石巻市の六〇代男性・住職の声が紹介されている。

「男だったら立ってするべきだ。座ってするなど許し難い」のだそう。妻から座っての用足しを求められているものの、「そんなのは向こうの勝手な言い分だ。男の『座りション』なんて〝草食の時代〟が生んだもので、絶対立ってし続ける」という。この、座って尿をする＝草食化の象徴という謎めいた論旨、バカげた言い訳は他にも複数転がっている。それこそ、本来、「草食男子」という言葉が、深澤真紀《ふかさわまき》によって提唱された時には、新しい価値観を持った男性たちを肯定する言葉として用意されていたのに、たちまち、いまどきの男性を否定する言葉として使われてしまったという、深澤が繰り返し嘆く誤用そのものだ。オレたちがこれまでこうしてきたんだからそのままにさせろよ、という年長者男子のプライドを建設的にへし折るのが今を生きる男性の役割だと自覚している私は、何をすべきなのだろう。「汚れるんでやめてください」という「奥様」の声を、「絶対立ってし続ける」というマチズモが軽々しく潰しているのならば、おい、オマエ、やめろ、と加勢しなければいけない。

立ってするなら掃除しろ

「SUUMOジャーナル」の二〇一五年のアンケートで、二〇〜五〇代の男性二三〇人に尿をする際のトイレの使用法を聞いたところ、自宅のトイレが洋式の場合「座ってする」と答えた人が五五%で多数派となり、その比率は未婚者では三八・三%なのに対し、既婚者では六〇・六%と高くなる。座ってする率がもっとも高かったのは三〇代既婚者の七二・七%とあるから、まさに自分はそこに該当する。あらゆる局面で、先の「六〇代男性」的な面々が維持してきた男らしさを解体していかなければいけない中で、ひとまず勇気をもらえる結果である。

結果を見て、思わず失笑してしまったのが「立って小をする理由」である。その最多回答（複数回答可）が「そういうものだと思っているから」（六八・七％）で、その次に「そのスタイルが楽だから」（四九・五％）と続く。座ってする理由として選ばれている「汚れるのが嫌だから」（七一・四％）、「掃除が大変だから」（二六・二％）と比較してみると、立ってする理由の幼稚さが際立つ。「これまでもそうだったし」に自分の都合を掛け合わせて方針を曲げないというのは、マチズモの典型例。オレがそう思っているんだからそうに決まってんじゃん。で、日々、トイレが汚れ続ける。こちらは理由を示す。あちらはその理由を受け付けず、そういうものだからと潰す。こうやって、対話するチャンネルを鈍感という名の鈍器で破壊し、豪快に「男らしさ」を行使してくる気恥ずかしさってものに、この方たちはなかなか気づかない。汚れるからやめてください、に反論なんてないと思う。そうですね、気をつけます、以外にあるだろうか。

荒ぶる気持ちを抑えながら、NPO法人日本トイレ研究所・加藤篤《かとうあつし》代表理事のもとを訪ねた。パンフレットに「公共トイレに関する調査・研究、トイレ教育、トイレ環境の改善に向けた普及啓発を柱にしながら、トイレ環境はどうあるべきかを総合的に研究し、トイレからの社会改善に向けて行動・実践します」とある。オフィスを訪ねると、打ち合わせルームの本棚に、おびただしい数のトイレ関連文献が並んでいる。加藤のジャケットには、うんちのピンバッジが光る。早速、「新幹線トイレ便座上がったまま問題」への義憤を伝えると、表情を変えず、こう答える。

加藤　最初から結論を言いましょう。私たちの排泄は自律神経が担っています。自律神経には交感神経と副交感神経があります。交感神経はアクティブ、副交感神経はリラックスです。排泄というのは、副交感神経が優位でないと基本的には成り立ちません。全力疾走しているときに便意は生じませんよね。リラックスすることが大切なので、トイレに必要なのは「安心」なんですね。その「安心」は、他人が決めつけてはいけない。一人一人が安心できるやり方ですべきです。

確かに、強いてはいけない。リラックスの種類を絞り、これでリラックスしろと命じてはいけない。となると、「そのスタイルが楽だから」(四九・五%)は正しい答えにもなってしまうのだろうか。

加藤　それぞれ安心は違うのだから、立ってすべし、座ってすべし、と強制してはいけないんです。その人なりのやり方ができないとなれば、便秘になるかもしれないし、膀胱炎になるかもしれない。とにかく、その人の安心を大切にするべきなんです。ただし……。

武田　ただし？

加藤　こぼすのはよくない。跳ねるのもよくない。だから汚してしまったときは拭かなきゃいけないと思います。汚れるから。すると、尿をするのに工程が増えることになりますね。どっちがラクか、という話になってくる。それと、新幹線のトイレに関して言えば、男女どちらも使用できるようなタイプがあります。トランスジェンダーの人も使うだろうし、オストメイトの人は、便器と向き合って排泄することもあるので、便座が上がっているほうがやりやすい場合もあります。つまり、男が有利、女が不利ではなく、色々な用途があるってことを知っていただきたい。知らないから、気持ち悪い、と思うのだろうし、選択肢が見えないから、男性優先なのか、と決め込んでしまうんです。

加藤の指摘で興味深かったのは、今、この世の中では、あちこちでダイバーシティが叫ばれているにもかかわらず、むしろ、ひとつの方向に絞ろうとする動きが強くなっているというもの。洋式トイレがいいとなれば、一気に洋式に流れていく。「そうではなく、選べることが重要であり、豊かさなんです」と加藤は繰り返す。トイレの快適性というのは、次の人への優しさを持てるか、にかかっている。だからこそ、男女だけではなく視野を広げて考える必要がある、との見解に頷く。

とはいえ、便座が上がっている状態を見て、「男が立って小便をして便座を上げたままにした」と判断するのもやっぱり自然だし、座って尿をした自分が出た後に、勝手に便座が上がってしまう流れを考えると、「アイツは立ってした、と思われるのイヤだな」と感じることに変わりはない。たとえば、視覚障害者はトイレ内のあちこちを触ってから便座までたどり着く。そういった、トイレの中でのそれぞれの様子に想像力を働かせる必要がある、という加藤の主張はもっともだ。

日常会話からトイレの議題が抜け落ちている。夫婦間でトイレの仕方が頻繁に問題になるのは、逆に言えば、夫婦間だからこそ問える問題なのかもしれず、それなりに親しくしている会社の同僚に対してさえ、「さっき、おまえの後にトイレ入ったんだけどさ……」と、排尿の仕方で異議申し立てすることは難しい。東日本大震災発生後に、仮設診療所に設置した仮設トイレの使用状況を調査していた加藤は、車椅子でトイレまでやってきたお年寄りの姿が忘れられないと語る。手伝いを申し出るも遠慮され、そのお年寄りは、すでにドロドロに汚れていたトイレに、四つん這いで上がっていったという。その場にいなければ見えないことだ。

加藤　日本人は検便が嫌い、と言われます。忌避感が強いんです。一概には言えませんが、欧米では、検便ってとても合理的なものだとされていて、拒否感が少ない。自然に出てくるもので検査できるんだから、と積極的なんです。むしろ、血液検査なんて危険だろう、と体に針を刺すことのほうが拒否反応が強い。日本ではまったく逆ですよね。便に対する考え方が根本的に違うんです。

その忌避感の積み重ねが、日本の清潔なトイレ環境を作ってきた。個人的な領域から出て議論しようとしないからこそ、細かい点まで清潔が徹底され、公的にネタにできるのが「男の便座上げ下げ」くらいしか残っていない状態、と理解するのは肯定的なのかどうか。東優子《ひがしゆうこ》／虹色ダイバーシティ／ReBit『トランスジェンダーと職場環境ハンドブック～誰もが働きやすい職場づくり～』（日本能率協会マネジメントセンター）では、トイレについて困ったりストレスを感じているトランスジェンダーの人が六四・九％に上るという調査結果を紹介し、「職場のトイレは使いたくないので、近所のコンビニのトイレを使っている」との声を紹介している。自分が身体障害を持っているわけではないのに、多機能トイレを使うことにためらいがある、との声もあるが、これもまた私たちに、次にトイレに入ってくる人、入っていた人への想像力が足りないからだろう。「だれでもトイレ」がイレギュラーなものではなく、正しく周知されることで、少しでも利用しやすい環境を作るしかない。

世の中で多様性を認めようという動きが強まると、そこで血気盛んになるのが、先ほど紹介した「男だったら立ってするべきだ。座ってするなど許し難い」のような意見。多様性って言ってんだったらオレたちの意見も認めろよ、という、いつもの、そして唯一の得意技が炸裂する。その時には、加藤が言っていたように「こぼすのはよくない。跳ねるのもよくない。だから汚してしまったときは拭かなきゃいけない」と告げよう。男だったら拭きなさい。

座ってしよう

男性が洋式トイレで立って尿をすると、尿が跳ねる。だから、やめろ、と言う。うるさい、させろ、と返される。ならばもう一つ、してはいけない理由を明確にしておこう。エビデンスを出せ、なんて流行りの文句をふっかけてくる人たちにはこっちが効くだろうか。アレクサンダー・キラ『THE BATHROOM　バス・トイレ空間の人間科学』（紀谷文樹《きやふみとし》訳・監修、TOTO出版）にある論だ。立ってする男性の小便の流れ（尿流）は、ただただそのまま一直線に出ているわけではない。その尿流が最初に便器に触れる点を極力跳ねにくい場に当てることによって、跳ね返りを最小限にしている、というのが立って尿をする派の主張だろうが、実はそうシンプルな話ではない。尿道孔を通って出る尿は、一本の水流として一直線に落下していくわけではなく、「薄膜状で放出され、ねじれて約100〜150㎜の間ねじれを続け、それから遠心方向の水流となって分散する」ものなのだ。膀胱圧つまり流速によって、分散と水流の直径が決まるものの、いずれにしても、その尿は円《えん》錐状《すい》になる。どんな尿であろうとも、全てが便器にむけて一直線に注がれるわけではない。ある一定の尿が、霧吹きのような形で便器や周辺に降りかかっていることになる。力学としては、消臭剤の類いを部屋に一吹きするとまんべんなく染み渡る、あれにも似ている。もちろん、あそこまで広域に飛散することはないが、「円錐状の流れの半分は必ず便器の上か外に落ちるのは避けられない」のだ。跳ね返りではなく、放尿した時点で、周囲に尿が散らばっている。同書に掲載されている連続写真で男性の放尿を見ると、便器の上あたりで霧状になっていることがわかる。つまり、立って尿をするという判断自体が間違っているのであって、「的を外さないようにする」だとか「丁寧にするから大丈夫」という問題ではないのだ。円錐状に放射されていく尿は漏れなく的を外れているのである。ということはつまり、自分で清掃してでも立って尿をしたい男性は、便器だけではなく、便器の周りも怠りなく清掃しなければいけないことになる。そこまでしてくれるなら、立ちションが許されることになる。今日は汚さなかった、ではなく、絶対に汚れているのだ。

洋式トイレは男性が座って尿をしやすい形状ではない。陰茎が便器に触れる可能性もあるし、尿の勢いによっては、尿を出した陰茎にそのまま尿が跳ね返ってくる可能性もある。その行為は「安心」して尿をすることから遠ざかっているかもしれない。しかしながら、洋式トイレで男性が尿をする最善の方法であることは揺らがない。選びにくい二択かもしれないが「自分にかからないように気をつけながら座ってやる」「立ってして、便器や周囲を清掃する」、この二択が残される。「男だったら立ってするべきだ。座ってするなど許し難い」という宣言が、その男性にとっての「安心」を意味するのならば、私たちはその選択肢を奪ってはいけない。根こそぎ奪おうとしていたので、少々の反省はある。しかし、その男性は、直後に清掃しなければいけない。自分だけのトイレならば、どうぞ立ったままで構わないが、同居人がいる家や外出先のトイレでは、その宣言の強行だけではいけない。

新幹線の多くの車両において、便座が常に上がっている状態になっているのは、どのような狙いがあってのことなのだろう。『すばる』編集部を通じ、JR東海に設問を投げかけたところ、JR東海東京広報室から回答が寄せられた。なかなか突飛な設問に、丁寧に答えてくださったことに感謝したい。問いと回答は下記の通りだ。

Q1：「東海道新幹線のトイレの便座がデフォルトで上がっていること」は事実か。

A1：現在運行している車両（700系、N700系、N700A）のトイレの便座に関する仕様は次の通りである。

①700系→自動で便座は上がらない（便座を使用〔着座〕する際は便座蓋・便座を手動で扱っていただいている）。

②N700系→自動で便座が上がるようになっている（開き状態定位）。

便座を使用する（便座を下ろす）際は、下記1、2のどちらかを行っていただいている。

1：光電スイッチに手をかざす
2：手動

③N700A→自動で便座が上がるようになっている（開き状態定位）。
便座を使用する（便座を下ろす）際は、一部の編成では下記1、3のどちらかを、一部の編成では下記2、3のどちらかを行っていただいている。

1：光電スイッチに手をかざす
2：ボタンを押す
3：手動

Q2：事実である場合、その仕様の意図および経緯は何か。

A2：「便座が下りた状態で使用されることが原因で便座が汚損している」というご意見を多く頂戴し、清潔な便座を維持する意図でA1の仕様としている。

Q3：今後も現在の仕様を変更する予定はないのか。

A3：今後もお客様のご意見・ご利用状況を踏まえながら、仕様を検討し、サービス改善に努めていく。

Q4：デフォルトで便座が上がるトイレ個室が設置されている車両（N700系、N700A）には男性専用（小便器のみ設置）の個室も併設されているという認識でよいか。

A4：現在運行している車両（700系、N700系、N700A）には、男性用化粧室を併設している。700系車両は全ての奇数号車の東京寄りに、N700系およびN700A車両は11号車を除く奇数号車の東京寄りに男性用化粧室を設置している。

デフォルトで便座が上がった状態にしているのは、あくまでも汚損を防ぎ、清潔に保つためという、乗客への配慮だった。決して男性を優遇しているわけではない。なるほどそうか、と素直に思う。私たちは、とにかく、このようにして、誰かとトイレについての話を共有することがない。問わないから、理由がわからない。たとえば、編集者Kさんとは、この原稿のために、「ところで女性って、デパートのトイレだと……」とか「小学校の時にトイレって……」という話を何度か交わしたが、「書き手と、編集者が、トイレについて書く原稿の内容を相談するため」といういくつもの条件が重なり合わないと、日頃のトイレ事情について、性別を超えて言葉を交わすことなんてない。

唐突に個人のトイレ事情を聞き出そうとすれば、何がしかのハラスメントに該当するだろうし、その可能性を考えれば、率先して口に出そうとはしない。トイレについては「そういうものなんだろう、そうやってするもんなんだろう」というあやふやな認識のまま、個々人で維持されていく。新幹線の便座がデフォルトで上がっていることについても、ある人は一切気にしないが、ある人は男性優遇だと憤る。そこで討議は生まれない。だから、こういう意味があるのです、という見解が伝わりにくい。それぞれの思い込みが維持されやすい。この自由な維持が、(もう何回引用したかわからないほどだが何度だって引用する)「男だったら立ってするべきだ。座ってするなど許し難い」を許すことにつながっている。それこそ許し難い。

女性のトイレ利用に関連して男性が困ることはない。でも逆はある。逆だけがある。ならば、男性が配慮して、次の人が、それは、どんな性別か性自認の人かはわからないけれど、安心できるように受け渡す意識を高めていく必要がある。自分は、極力そうするように努めてきたので、正直、ちゃんとそういうふうに配慮している人なのだと思われたい気持ちがある。何、自分を優先してんだよ、と思いつつ、自分を優先してしまう。だからせめて、便座を下げるセンサーではなく、便座を上げるセンサーにしてほしい。「便座が下りた状態で使用されることが原因で便座が汚損している」とのJR東海からの回答には具体的には明示されていないものの、下りた状態でそのまま立って尿をする人の存在が汚損の原因として想定されているはず。彼らに配慮するほうが手っ取り早いのだろうが、やっぱり彼らを啓蒙《けいもう》してほしくなる。最初の時点で頭にあった宣言と変わらないのだが、考察したのちに、まったく同じ主張に戻る。でも、その主張は、おかげさまで強度を増した。「男だったら立ってするべきだ。座ってするなど許し難い」に言葉を返す。男だったら座ってするべきだ。立ってするなど許し難い。

五章

密室に他人が入り込む

息してる限り同意

「武田砂鉄はチンポ騎士団」という書き込みをネット上に見つけ、チンポとはいえ騎士団とついているからには悪に立ち向かう正義漢の一人にカウントされているのかと思い、「いえいえそんな」と謙遜する準備を整えてから語句の意味を調べてみると、世の中のオトコたちをケダモノのように扱いながら嫌悪することによってオンナを優遇し、オンナに気に入られ、結果的にオンナを口説いてあわよくばセックスをしたいと思っているオトコを揶揄《やゆ》する言葉だった。謙遜する準備を整えて損した。「あわよくば」感の「無」というのは、当人同士の密接な付き合いがなければ把握できないものだし、無しなんです、という互いの関係性を他者にプレゼンしたところで、いやいや、無しってことは無いでしょう、がいつまでも浮上し続ける。くだらない詮索が続く。だからこそ、このチンポ騎士団という揶揄は、確かに効果的に使える。そうはいっても現段階では未遂なだけだろ、という中学生男子的な見方は、未遂である限り自由に使えるのだ。

なぜ自分がチンポ騎士団認定されたかをたどってみると、あるツイートに起因していた。二〇一九年三月一二日に福岡地裁久留米支部で下された、準強姦罪に問われた会社役員の男性への無罪判決を問題視するツイートだ。二〇一七年二月、女性が、飲食店で男性にテキーラを数回一気飲みさせられ、泥酔し、嘔吐《おうと》するなどの状況下でレイプされたと訴えた。この事案について、西崎健児《にしざきけんじ》裁判長が「女性が拒否できない状態にあったことは認められるが、被告がそのことを認識していたと認められない」（毎日新聞・二〇一九年三月一二日）と述べ、無罪判決を下した。拒否できない状態、合意のない状態での強引な性交をレイプと呼ぶが、うんうん、どうやらその場で起きたことはレイプだったけど、でも、被告がレイプしているという認識がなかったので無罪だね、だそう。家電量販店で欲しかったゲーム機と大型テレビをカートに載せてそのまま店を出たら、万引き犯だと言われた。いや、万引きって認識はなかったんです。そうか、ならば無罪。家でゲーム三昧だ。そんな判例があると知れば今すぐ家電量販店に行く。でも、万引きになる。だから行かない。レイプしても無罪。残念ながらこちらには、前例にしようとする動きが生まれてしまった。

同記事によれば、裁判長は「女性が目を開けたり、何度か声を出したりしたことなどから、『女性が許容していると被告が誤信してしまうような状況にあった』と判断した」とある。被告は、たまに目を開けたり声を出したりする女性が拒否できない状態に置かれていることを認識していなかったし、むしろ、女性が許しているって思った可能性があるんです、よって無罪です、という判断。「女性が拒否できない状態にあったことが認められるレイプだが無罪」という判断に対して、「なんだこれは。これでは、息してる限り同意、に等しい」とツイートしておいたのだが、このツイートがチンポ騎士団との認定を受けた。セックスした後でオンナに無理やりされたって訴えられたらオトコはみんな強姦魔になっちゃうぜ、という投げやりな意見を定期的に見かけるが、もし心底そう思っていらっしゃるならば、つまらない冤罪ジョークを撒くよりも、事実として大量に発生している強姦事件を無くすことを一緒に考えましょう……というのは、痴漢事件を語る際に痴漢冤罪で対抗する勢力に、一緒になって痴漢を無くせばよくありませんか、と投げかけるのとやはり同じだ。冤罪はいけない、ならば、その罪の全体像を知る必要がある。こんな、実にひねりのない、主張とまでいかない、どこまでも常識的な見解を述べても、チンポ騎士団認定されてしまうのであった。なお、この裁判は、二〇二一年五月に二審の有罪判決が確定している。

圧倒的な他人がやってくる

さて、今回も編集者Kさんからの檄文が届く。こちらもまた男女の非対称性の話だ。なんかこう、いつも同じ仕組み・構図の話をしているのではないかとの思いにかられるのだが、それはかられているのではなく、実際にそうなのだ。

フェミニストを乱暴に嫌悪し、嬉々としてチンポ騎士団と揶揄する人たちは、いっつも同じ文句を投げて、おっ、今回も同じ文句が効いているぜ、と自ら安堵する。その文句がいっつも同じなのは、問題もいっつも同じだからである。同じ文句を言うならば、その先にある同じ問題を注視すればいいのにと、騎士団は思う。さて、Kさんからの檄文だ。

春を目前に、明るい新生活を約束し丁寧な対応を謳う不動産／引っ越し業者のCMがテレビで流れるこのごろですが、いかがお過ごしでしょうか。じつは物件の内見って、引っ越しって、闇の深い性差別が内在する過程なのではと思い、ご連絡いたしました。

一に、「内見」の恐怖です。不動産業者には男性が多いという印象があるのですが、それは私だけでしょうか。私は、今まで一人暮らしの住居の内見を三度経験していますが、担当者はみな男性でした。空室を案内してもらっている間は、密室に二人きりです。何部屋か内見する場合、それぞれが離れた場所にあると車で移動、なんて流れにもなります。どれだけ対応が丁寧でも、初めましての男性と同乗するのは、正直怖いです。

部屋に到着し、ひとまずは内見に集中しようとしますが、変な空気にならないよう、無理やり大げさにリアクションをしたり、動き回ったり……先方にそんな気があるとかないとか関係なしに、とにかく気が抜けません。「水場は入念にチェックを」と風呂場を見て

いたときに、先方の肩か何かがスイッチに当たったとかで電灯がいきなり消え、暗がりの中「ヒッ」と声が出てしまったことがあります。こういった恐怖は、〈借りる側〉だけでなく、内見業務に携わる〈貸す側〉の女性も、日々体験しているのではないかと思います。住むならオートロックのある物件、できれば二階以上。防犯のことを考えると死守したい条件ですが、そのぶん家賃に上乗せされます。男女間賃金格差が最大約三六五万円といわれるこの国で、女性が安心して家を借りて住まいを得るって、怖く難しく、しんどいのです。

いくつかの問題提起が含まれているので、それぞれ考察していく必要がありそうだ。内見の恐怖、見ず知らずの男性と密室にいなければならないストレスについて。そこには、女性であるがゆえに、「信用」「信頼」が足りない、という抽象的な判断によって家を借りることができないという実情も関わってくるはず。そして、女性が安全な住まいを得るためには男性以上にコストがかかる点について。毎度のことながら、そんなの考えすぎ系のイチャモンで済まされやすそうだ。その片付け方がマチズモなのです、といつもの指摘をひとまずしておきたい。この繰り返しだ。繰り返しになると、問題提起するほうが強情に見えてくる。ハラスメントを告発する難しさってここにある。またですか、って、ハラスメントの加害者側が呆れ顔をしてくるからだ。はい、またですよ。

大学を卒業するまで実家に住んでいた自分が、引っ越し業者の見積もりを初めて自分でお願いしたのは、妻と一緒に住むために一人暮らしの部屋を出て行くことになった一〇年ほど前のことだ。業者をネットで適当に選んで依頼するとすぐさま電話がかかってきて、家まで来て見積もりをしたいと言う。少しでも早く顧客を捕まえておきたいのだろう。日時を指定し、数日後に家にやって来たのは二〇代半ばと思しき女性。細長い八畳一間に住んでいたので、客人を出迎える応接セットはないし、本や資料が積み上がったこたつに招き入れるわけにもいかない。えっと、どうしよう、立ったままかな、と動揺していると、床にタオルを敷いた上にカバンを置き、書類を開きながら正座をしている。こちらに対して、「お座りください」とベッドの片隅に腰掛けるように促す。客観的に見て、これから事務的なやりとりをする光景にはとても見えないので、自分も床に座ろうと体を動かすが、いえ、そちらにお座りのままで、と重ねて促される。マニュアルにどこまで記されているかは知らないが、競合他社が常にいくらでも存在する、過剰な謙《へりくだ》りが求められる環境の中で、こちらは、ベッドに腰掛けて女性を見下ろす形で見積もられ、なかなか不快な数十分を過ごした。

私的空間に他人が入り込む時には、いらぬ緊張感が生じる。本来気の許せる相手だけを招き入れる場だ。ワイドショーのコメンテーターとして頻繁に出演する大学教授・武田邦彦《たけだくにひこ》が、自民党に所属していた田畑毅《たばたつよし》の準強制性交容疑（二〇一九年七月に不起訴処分）が報じられると、「自宅で酒を飲んだら合意ですよ」（CBC・TBS系『ゴゴスマ』）と、女性側にも責任があるとの主張を繰り返していた。他のコメンテーターから多くの反対意見を表明されていたが、私的空間に他人を招き入れるための共通のマニュアルは存在しない。だからまず、「自宅で酒を飲んだら合意ですよ」といった愚言を駆除していかなければいけない。

ベッドに座らせられた自分は、少しでも勘違いされそうな状態をゼロにしたいと思ったが、どうやっても回避しようがないことに戸惑う。これが、住んでいるのが女性で、やってくるのが男性である場合、Kさんが「先方にそんな気があるとかないとか関係なしに、とにかく気が抜けません」と言うように、終始、緊張を強いられるだろう。万が一の事態が発生したら、その引っ越し業者がとるべき責任は尋常ではないし、現実にそういったことが起きることはない（……とも断言できない。二〇一九年一月、強制性交の疑いでサカイ引越センターの社員の男が逮捕されている。勤務中の事件ではないものの、こういった事件が耳に入れば、当然警戒心は高まる）。そういう可能性を考えなければならない時点で、女性の行動・判断には負荷がかかる。「自宅で酒を飲んだら合意」という見解が地上波から垂れ流されてきた風土において、とにかく気が抜けない人たちの緊張をほぐすことはできない。で、この場合、最たる意見が、「気にしすぎだろ」になる。内見だけではなく引っ越し当日も、家に集うのは男性スタッフが中心だ。圧倒的にプライベートな場に圧倒的な他人がやってくるのを嫌がるのは当然のことである。

不均衡は「しょうがない」のか

日本の男性の多くが、AVから得た歪んだセックス観を維持してきたのは残念ながら事実。今（二〇一九年三月）、この原稿を台湾に滞在しながら書いているのだが、以前、こんなツイートが拡散されていた。

台湾人の女友達が「『やめて』『いや』っていうのはOKっていう意味？」って聞いてきてえっ真逆だよなんで？って言ったら、「男友達が日本のAVで覚えた日本語。動画の中で女の子がそれを言いながらセックスしているのでOKという意味だと思った」と言っていて絶句したことがある。日本の恥とはまさに。

（Sophia @studentFem_N）

ホント、日本の恥とはまさに。最初嫌がっていたのに、そのうち嫌がらなくなる、というフォーマットは、もはや日本のAVの伝統である。AVでは、「偶然、密室でいっしょになる」シチュエーションから始まるものが多く、原稿を書いている時点で、アダルト動画サイト「FANZA」にアクセスしてランキングを確認すると、「出張先相部屋」「終電がなくなりちょっと綺麗めの上司の家に泊まることに…」「若い男女で溢れ返る相席居酒屋で一人呑みしている熟女を狙い撃ち」「数年ぶりの姉弟風呂」といったタイトルを含む作品がランクインしている。最初嫌がっていたのに、そのうち嫌がらなくなるというAVのファンタジー性を作るのは、偶発的に生じた密室である。ありとあらゆるシチュエーションで、最初はそんなつもりじゃなかったけれど、いつの間にかそんな気になってきた、という型を量産し続けている。それを日本の男性は数多く見てきた。作られた映像だと思いながら、ほんのわずかでも信じてきた。

AVでのプレイは幻想、AVのシチュエーションは幻想。だが、「予期せぬ密室」「慣れない密室」はいつまでも人気作品になる。日本はそのシチュエーションへの幻想が残存する社会なのではないか。引っ越しの見積もりだけではなく、火災報知器やガス器具の点検など、突然、家にやってくる男性に怯えている女性は多い。気にしすぎですよ、と、気にしますよそりゃ、に分かれているならば、なぜ気にしなければならない状態が続いているのかと問わなければいけない。

女性が一人暮らしを始めるにあたり、女性に向けて、どういった点に注意せよ、とのアドバイスが送られてきたのだろう。本書の刊行元である集英社の女性誌『non-no』のバックナンバーを漁ると、部屋探しの記事がいくつか出てくる。「失敗しない！　初めてのひとり暮らし」という特集の「お部屋探し　実録追っかけルポ」（二〇〇七年二月二〇日号）で、防犯にどのような注意が払われているかといえば、「オートロックは安心ですが、家賃が高くなることも。『二重ロックなどオートロック以外にも防犯に配慮した物件は多いですよ』」「女の子のひとり暮らしの場合、防犯面で不安なのが1階の部屋。1階は家賃が安いというメリットはあるけど……。それでもという場合は人目がある大きな通り沿いがおすすめ」とある。「絶対ホメられる『ひとり部屋』の作り方」（二〇一七年三月号）では、内見の時には「セキュリティ環境をまず確認　モニターつきインターフォンがあると、不要な来客を防げる。『明らかな不審者ではなくても、業者の勧誘などにも応対しなくてすむので、あると重宝』」とある。いずれにせよ、突出して鋭い指摘でもないが、そもそも、こうして注意を払うのがデフォルトになっていること自体に慣れていいのだろうか。私は気にする、私は気にしない、という「感度」の問題とされがちだが、その感度が議題となること自体がおかしい。女性が一人で暮らすことによって生まれる特有のハードルを当たり前のままにしてはいけない。

国土交通省は二〇〇一年に「共同住宅に係る防犯上の留意事項」及び「防犯に配慮した共同住宅に係る設計指針」を策定している。そこには、以下のような記載が複数連なっている。

共用廊下及び共用階段は、それぞれの各部分、エレベーターホール等からの見通しが確保され、死角を有しない配置又は構造とすることが望ましい。

共用廊下に面する住戸の窓（侵入のおそれのない小窓を除く。以下同じ。）及び接地階に存する住戸の窓のうちバルコニー等に面するもの以外のものは、面格子《めんごうし》の設置等侵入防止に有効な措置が講じられたものとする。

あるいは、共同住宅における防犯上の留意事項として、

1　周囲からの見通しを確保する（監視性の確保）
2　居住者の帰属意識の向上、コミュニティ形成の促進を図る（領域性の強化）
3　犯罪企図者の動きを限定し、接近を妨げる（接近の制御）
4　部材や設備等を破壊されにくいものとする（被害対象の強化・回避）

があげられている。これらの事項は、特定の年齢や性別のためと明示はされていないが、当然、実際には子どもや女性を意識したものである。あくまでも努力義務であって、これらに見合うセキュリティ環境を確保しようとするならば、相応のコストがかかる。部屋を選ぶ時には、先述の「1階は家賃が安いというメリットはあるけど……。それでもという場合は人目がある大きな通り沿いがおすすめ」というように、賃料とセキュリティが天秤にかけられる。二〇一七年分の「民間給与

実態統計調査」では、給与所得者数四九四五万人の平均年間給与は四三二万円、そのうち、男性が五三二万円なのに対し、女性二八七万円。男性が多い正規社員と、女性が多い非正規社員の平均給与は、正規四九四万円に対し、非正規一七五万円（数値は元データの端数を四捨五入）。女性が稼ぎにくい環境があるにもかかわらず、女性がセキュリティ面を考えた上で家を借りるとなれば余計にコストがかかるという不均衡は、「しょうがない」レベルの議論にとどめておいていいのだろうか。

シングルマザーでも？

ひらがなで「おひとりさま」と大切そうに語られる単身者が、おおよそ女性を指すのって、改めて考えてみれば不思議なことだ。女性の単身者によるマンション購入が増えてきたのは一九九〇年代後半から二〇〇〇年代にかけてだが、南後由和が『ひとり空間の都市論』（二章既出）の中で、由《ゆ》井義通《いよしみち》の論を引き、「三〇代を中心とする単身女性によるマンション購入は、晩婚・非婚化、女性の就業機会の増加、高齢になっても家賃を払い続けることへの不安に加え、社宅・寮は単身男性向けが多く、公営住宅は高齢単身者向けが多いという日本の住宅市場などの要因が複雑に絡み合った現象であるという」と記している。そうか、そもそも日本の住宅が女性の単身者用には設計されておらず、セキュリティ面で整備されている確率の高いデザイナーズマンションが「おひとりさま」に売れていく。「マンションを買うと結婚できない？『おひとり力』養成講座」（牛窪恵《うしくぼめぐみ》、NIKKEI WOMAN ONLINE・二〇一四年一二月二日）と、後ろ向きにも思えるタイトルで引っ張る記事では、

1　「マンションを買う女性」というだけで、男子に「すごすぎる」と、引かれてしまうのでは？

2　持ち家があると、身動きがとりにくく、地方在住（転勤）の男子と結婚しにくいのでは？

3　快適すぎる空間でひとり暮らしすると、つい「ひとりのほうが楽しい」「まだ結婚はいいや」と感じてしまうのでは？

と、自分で住まいを得ることをネガティブに箇条書きにされてしまう。そもそも、「〇〇すると結婚できない」というフレーズに慣らされてはいけない。マンションを買ったり、ペットを飼ったりすると結婚できないと言われるのは常に女性。「あまり余計な条件をつけずにそのままでいてく

ださい」と未婚女性に要求する社会的な圧は根強い。一体、何様なのだろう。そもそも、女性は早かれ遅かれ結婚するという前提がおかしい。そう、そういえば、前章で取り扱った「立ったまま尿をする男たち」の内容に準じて、あるラジオ番組で話したところ、隣り合った女性アナウンサーが、自分が結婚相手を選ぶ条件の一つに「(尿を)立ってしないことが入っています」と応じたのだが、その後番組のハッシュタグをつけたツイートに「婚期が遅れるね」なる書き込みを見つけてしまった。立って尿をするな、を要請するタイプだと表明するだけで、婚期についてああだこうだ言われる。「結婚する・結婚できる」ということについて、やっぱりまだ性差が固定している。一世一代のプロポーズで男がひざまずく行為を見て、今日は特別にひざまずくってどういうことだろうかと勘ぐってきた自分は、当然、ドラマチックなプロポーズなどするはずもなかったが、「女、受け身でいろ」という風土は、具体的には「信用」を付与しない非道な措置として立ち現れるのではないか。

シングルマザーは入居審査が厳しい。家を貸すほどの信用がないというのだ。ウェブサイト「住まいる博士」の「シングルマザーが部屋探しをする際の注意点」と題した記事には、「シングルマザーでも、賃貸物件を契約することはできます。ただし、ハードルが高くなるのは事実です。まずは、『なぜシングルマザーの入居は厳しいのか？』を理解した上で、シングルマザーが部屋を借りるときのポイントを押さえましょう」(傍点引用者)と、過酷な記述が並ぶが、このサイトの表現が過酷なのではなく、シングルマザーの置かれている環境が過酷なのである。

入居審査が厳しい理由として「家賃の滞納や遅延が不安である」「子供が1人になるので事故が起こりそう」「離婚時のトラブル」をあげた上で、「もちろん全てのシングルマザーに当てはまるワケではありません。ただし、偏見を持っているオーナーは上記のように思い込みやすいのも事実です」と記されているが、これらの理由はすべて、その「マザー」に起因するものなのだろうか。押し付けていいのだろうか。家賃の滞納が生じやすい原因は、シングルマザーの貧困率の高さを知れば、むしろ社会構造にあるとわかる。二〇一六年度の「全国ひとり親世帯等調査」によれば、約一四二万の「ひとり親世帯」のうち、母子世帯はその九割近くにあたる約一二三万二〇〇〇世帯にのぼる。OECD（経済協力開発機構）の調査によれば、ひとり親世帯で、なおかつ親が就業している場合の相対的貧困率は、五四・六％と先進国の中で突出した数値を叩き出してしまっている。シングルマザーでも、賃貸物件を契約することはできます、との宣言文はこの社会を浮き彫りにしているのかもしれない。

今から一〇〇年も前の一九一四年、平塚《ひらつか》らいてうは、『青鞜《せいとう》』に発表した「独立するについて両親に」（小林登美枝《こばやしとみえ》／米田佐代子《よねださよこ》編『平塚らいてう評論集』岩波文庫）と題した文章で、結婚せずに同棲すると判断した理由について、このように宣言した。

結婚が女にとって極めて不利な権利義務の規定である以上なおさらです。それのみか今日の社会に行われる因習道徳は夫の親を自分の親として、不自然な義務や犠牲を当前のこととして強いるなどいろんな不条理な束縛を加えるような不都合なことも沢山あるのですから、私は自から好んでそんな境地に身を置くようなこととはいたしたくありません。

一〇〇年経った今も変わってないじゃん。それどころか悪化してんじゃん。なぜって、シングルマザーよ、大変だけど乗り越えてみせよ、がデフォルトとなり、「偏見を持っているオーナー」は一向に減らない。ちゃんと結婚している人用に維持され、強化されている。

フリーランスで働いている自分も不動産契約時にはちょっとした苦労をする。信用されていない肩書きや労働形態を「自分、信用できますよ」とプレゼンしていかなければならない。知名度のある会社に在籍している男であれば即座に契約できる部屋でも、こちらは「信用」をプレゼンする必要がある。ただただ会社に在籍している男よりも、一人で仕事をしている男のほうが信用できないっすか、と頭の中の考えを吐き出すことはしないが、この国の「信用」の居場所は、今どきこんな家族あるかな、と疑ってしまうような、「夫婦に子ども二人。夕暮れの時間、洗濯物を取り込む妻が庭で遊ぶ子どもたちを見守りながら、夫の帰宅を待つ」住宅CMのような家族がベースになったまま更新されていない。女性が一人で住む、ということに不寛容なままなのだ。

土地×男

日本女性不動産協会理事の杉山さん（仮名）のもとを訪ねた。この団体は、不動産業界で働く女性のための日本初の全国ネットワークで、一〇万人の女性会員が圧倒的な男性社会の中でどのように働きやすい環境を整えるか、施策を練り、相談に乗ってきた。自身で不動産会社を立ち上げたのが二〇〇三年、日本女性不動産協会を作ったのが二〇〇五年。立ち上げる前に勤めていた会社では、社員二〇〇名程度のうち、女性は自分一人だったという。

杉山　この業界はとにかく体育会系で、なかなか女性は続かないんです。基本給は少なく、契約をとることによって給料に上乗せされる仕組みのところがほとんどです。勢いよく取り込んで契約、という気持ちが男性の方が強いんです。

押しの強さが必須になる。昼夜問わずにその押しの強さを保つことが求められる。

杉山　内見の時間をわざわざ夜に指定してくる男性のお客さんがいらして、部屋を見に行くと、息がかかるほどにとにかく距離が近い、なんてこともありました。女性の営業担当者は、必ずこういった嫌な経験をします。私の場合、会社のあるビルの周辺をうろうろする人がでるようになり、しまいには、誰かに私の家の場所を聞いたらしく、家の前まで来たこともあります。同じような被害にはだいぶ遭いましたね。私も一時期、人間不信のような感じになりまして……。長く不動産業界に勤めていると、女性は先行きが見えなくなってしまう。この業界は、いわゆる「イケイケどんどん」的な業界ですから、体力がものをいう。子どもを育てながら働くと、早く家に帰らなくちゃいけないでしょう。でも、男の人たちは別に遅くても構わないんです。同じノルマを課されていると、とても苦しい。私は家庭があるので六時で帰っていましたから、一〇時、一一時まで働いてる男性には憎まれましたね。業界の仕組みとして、自分たちはこんなに一生懸命やってるのに、あっちは先に帰って、という雰囲気になってしまう。人が悪いんじゃないんです。システム上の問題でギスギスしちゃうんですね。

この業界に足を踏み入れたのは、自身の離婚がきっかけだったという。

杉山　結婚生活に絶望しながら、ある日、街を歩いていたら、近所の不動産会社に張り紙があって、唐突に、ここで働けないかな、と思ったんです。結婚している間に、生活する力が失われていました。思わず、「私、ここに勤めたいです」って言っちゃったんです。そしたら、月曜日から来てください、って。今、私がなぜ女性にこだわっているかというと、その仕事で、母子家庭の人が家を借りるのが本当に大変だと実感したからなんです。断る場合って、「理由は申し上げられません」って断るんですね。でも、その理由がわかるんです。女性って何でこんなに大変なんだろうなって。

社会的信用が露骨に問われる世界で、女性が置いていかれる。たとえば実家が土地を持っていたとする。何人か兄弟がいれば、家を継ぐのはまずは男だ。女性たちは流浪の旅を余儀なくされる。土地×男ってシンプルに強い。揺るがない。不動産という文字の通り、とにかく動かない。

杉山　そうなんです、社会的な信用を見られるんです。どうしても女性が不利になる。女性の貧困の現場をたくさん見てきました。年を重ねると改善が難しくなっていきます。助ける、なんて言うとおこがましいのですが、こうすれば安定する、安定できると伝えていきたいのです。日本社会は、とにかく、女性のお尻をたたきますね。男並みに働け、子ども産んでも働き続けなさいって。でもそればかりだと、女性って流されていっちゃうんですよ。

女性に厳しい現場で、「信用」を盾に行く手を阻まれる女性たちを見てきた杉山さんは、「勢いよく取り込んで契約、という気持ちが男性の方が強いんです」と繰り返す。関田《せきた》タカシ『現役営業マンが明かす　不動産屋のぶっちゃけ話』（彩図社）の中に、「応酬話法」が不動産業界の必須テクニックとしてあげられていた。応酬話法では、「と、おっしゃいますと?」などと繰り返しながら、家族構成や、望む部屋の規模感を定めていく。「この周辺で、４ＬＤＫのマンションを探しているんだけど」「と、おっしゃいますと?」「うん。うちは子供が2人いるんだけど、男の子と女の子でね……」といった具合に、情報を吸い出していく。この応酬話法は、ＡＶ監督の村西《むらにし》とおるが自身のサラリーマン時代から監督時代までに共通する話術だとして繰り返し持ち出しているものだが、こちらもまた、ある一定の高圧的な姿勢を含ませることによって、相手の気持ちを思い通りに引っ張ろうとしている。家を借りる際には、とにかく、あちらの本音風の誘い文句と、小出しにしていくこちらの本音がぶつかり合う。

「女性が安心して家を借りて住まいを得るって、怖く難しく、しんどいのです」とKさんが言う。住まいを得るためには、社会的に、あるいは公的に、あなたはどういう人間ですかと繰り返し問われる。プライベートな部分にある程度の侵入を許さなければ住まいを得ることができないから、致し方なく侵入を許す。書面上の侵入、そして、より具体的な侵入。だからそういう人のために女性スタッフによる専用の引っ越しプランを用意しているんです、いや、でも、それは通常プランよりも金額の上乗せを余儀なくされる。女性が安心を手に入れたいならばそれなりに金を払え、という要求ばかり。内見に来た女性が男性に襲われまくっている、なんて話ではない。しかし、そういう可能性をどこか頭の隅にでも置いておかなければいけない状態が、目に見えない確かなストレスになる。夜道を歩く上でも、電車に乗る上でも同じような感覚に悩まされている。「かもしれない」が放置されるのだ。応酬話法には、次々と具体的に答えなければならない。その具体的な答えに比べれば、体に残るわだかまりは間接的で見えにくい。

誰かに任命されたチンポ騎士団として思うのだが、女性の味方をして女性に気に入られようとしている奴、という認定からして、この間接的な徒労を汲み取ろうとはしていない。極めて直接的に、男の権利、女の権利、男の体力、女の体力、男の弱さ、女の弱さなどを比較し、女のほうを救いに行く男、と判別される。しかし、そんなに単純な話ではない。単純な話ではないのだけれど、単純な話じゃないと説明するためには複雑で慎重なプロセスを必要とする。説明を終える前に、単純な話じゃん、という封じ込めが発生してしまう。頻度としては低い、家を借りるという行為における無機質さは、結局は個別ケースとなり、貸す側のルーティーンの中でただ頷くしかない状態に陥る。

部屋に入られるのが怖い、契約が難しい、家賃を払うのがしんどいを和らげる方法が見つけにくい。最後まで男女差が色濃く残る場が、自分の住まい、というのはあまりに酷である。

六章

なぜ結婚を披露するのか

偏屈な頭を漂白する力

結婚した直後を思い出すと、総勢三〇人くらいから「結婚式するの？」と聞かれ、「しない」と答えると、二〇人くらいから「相手もそれでいいって言ってるの？」と聞かれ、「むしろ、式は絶対イヤって言ってる」と答えると、一〇人くらいが「結婚式って、お嫁さんが人生で一番輝く日って言うじゃない!?」と、ビックリマークとクエスチョンマークの間くらいのテンションで続け、五人くらいが「ご両親はなんて言ってるの？」とたたみかけ、「してほしいみたいだけど、しない」と答えると、三人くらいが「結婚式って、親のためって言うじゃない!?」と続けた。ここまでくると、もう何を言っても、結婚式をしないなんてダメ、との意向は崩れない。その、崩れない様子を知れば知るほど、結婚式をしないという思いが強固になっていくのだった。

もう、結論は出ている。結婚も、結婚式（披露宴を含む）も、「したければすればいい、したくないならしないでいい」が唯一の正解である。この正解を全員で共有できれば、この手のことで揉めることはなくなる。でも、「しなければならない」とする層のいくらかが、自分自身でそう思うだけでは飽き足らず、他人に対して価値観をお裾分けしてくる。強要なのに、心優しい、お裾分けを施すような顔をしている。社会に残存するマチズモって、「これまでもそうだったんだから、そうでなければならないと押し付ける」という行為と実に親和性が高いから、結婚にまつわるあれこれでは、マチズモが発芽しやすい。「いや、でも、ほら、一生に一度のことなんだから」といったキラーフレーズを繰り返しぶつけられ、それなりの威力を持ち続ける。

したければすればいい、したくないならしないでいい。これで終わらせたい。それなのに、しなければならないが幅を利かせるからトラブルが積もっていく。格式張った儀式に対し、「一体これは誰のために行うのか？」と問われ、選択肢がいくつも浮上してくるのって珍しい。七五三は誰のためにやるのか。子どものためだ。葬式は誰のためにやるのか。亡くなった人のためだ。結婚式は誰のためにやるのか。自分？　親？　嫁？　親族？　世間体？　この問いを投げれば、入り組んだ迷路に足を踏み入れることがほぼ確定してしまう。当事者が「私たちのため」と断言しても、頷かない人が出てくる。「しなければならない」を許容するための最たる態度が「これはもう、こういうものだから」という自己洗脳だというのも、健康的ではない。生き方が多様化し、そして、その多様化を受け止める流れが社会的に強まってきた現在にありながら、結婚式というのは、積極的であろうが消極的であろうが、とりあえず型にハマるべきでしょうと言われながら歩き始める感じが残っている。

どんな結婚式でも出席すれば多幸感に包まれる。日頃、「嫁がさ……」と聞けば「はぁ？　女が家にいると書いて嫁だぜ?」、「家内がさ……」と聞けば「え、家の内にいなきゃいけないのか?」と嫌らしく突っ込んでいくくせに、結婚式の最後に用意される新郎父の、「うちの〇〇も、もう三〇を超えておりまして、もうお嫁さんをもらえないのかな、なんて思っていたのですが(一部のテーブルから笑い声)、こうして〇〇さんと出会い、今日、無事に、結婚の日を迎えることができました。家内の〇〇共々、大変喜んでおります」などという、所狭しと地雷が埋め込まれているスピーチに向けて、素直に拍手を送っている。下手すりゃ泣いている。結婚式という装置に身を委ねた結果、普段なら生じるわだかまりを、枝葉末節なことと処理していく。ほら、こんなにめでたいんだから、いいじゃんか。めでたいからって、いいのだろうか。偏屈な頭を漂白する力が結婚式には備わっている。どこから派遣されてきたのかわからない神父、土日の副業としてこなす司会者、複数の挙式/宴を同時進行しているからか笑顔が固まっているスタッフ、みんなで一丸となって作り物を踏み越えていく。

「コンコンコンコンうるさいわ!」(『世界思想』二〇一九年春号)と題した牟田和恵《むたかずえ》の寄稿に、昨今流行りの「『未婚』『結婚しない』のフレーズがキーワードとして強調されることには、逆説的とも言える違和感を抱く。結婚しないのも選択、と言いながら、それでもやはり人生の大きなターニングポイントであるかのようなニュアンスがそこには相変わらず残っているからだ」とある。著名な女性が結婚すれば、自動的に「できちゃった婚ではないのか?」「結婚したら仕事は辞めるのか?」

が探られ、双方をクリアしていれば「なお妊娠はしておらず、結婚後も仕事を続けるという」との不躾《ぶしつけ》な定型文を祝福に混ぜ込む。なんだ、この子、ちゃんとしてんじゃん、おめでとう、という調査報告が入る。一体、誰なんだ、オマエは。誰かから結婚したとの報告を受ければ「めでたい!」とは感じるものの、それによって全てが好転するかのような騒ぎ方をする風潮には疑問を持ち続けてきた。だからこそ、結婚も、結婚式も、してもいいし、しなくてもいいという結論が出ている。人生になくてはならない通過儀礼としてそびえ立つ結婚や結婚式について、例のごとく、編集者Kさんが怒りを表明してくる。

清楚なワンピース姿のお嬢さんで安心

古谷田奈月《こやたなつき》さんの最新小説『神前酔狂宴』(河出書房新社)では、主人公がこんな問いを投げかけます。「結婚披露宴って何? なんでみんな──ねえ、ほんとに──なんでみんな、結婚を披露するの?」

それな!!!　心に浮かんではもみ消してきた疑問そのものだったので、思わず息をのみました。その後も、「虚飾の限りを尽くすこと」が「結婚披露宴の本質」、結婚式とは「ただの喜劇じゃない、最大出力の喜劇」などと、刺激的な提言がつづき最高な読書体験だったのですが、ひとまず作品の素晴らしさは置いておき、さて、結婚式問題です。

結婚式に参列することが増え、友人や同期の幸せを心から祝福しつつも、私のなかの誰かが、あのフォーマットに、あの空気感に、あのいちいちに、突っ込みを入れてしまいます。信仰を持たないはずのこの新郎新婦は、チャペルで神妙な面持ちの神父様（本当に本物？）と向き合い、誰に、何を誓っているのか？　ほぼ言葉を交わしたことのない新郎新婦の両親に、なぜ瓶ビールをお酌してもらわなくてはいけないのか？　新婦から親への感謝の手紙（お決まりのフォーマット）があって、新郎からの手紙がないのはなぜ？　上司のスピーチ、マチズモ臭がぷんぷんしない？　長くない？　つまらなくない？　等々。

私の親が結婚式を挙げたときに参考にしたらしい一九八九年刊の結婚マニュアル本（今《いま》泉《いずみ》頼子《よりこ》『結婚の礼式としきたり百科』池田書店）を捲《めく》ってみると、結婚式とは、家と家との契り、つまり「嫁／婿」「が／に」「来た／行った」ことを関係各所に晒すための儀だった（絶句）ことが読み取れるのですが、その認識は更新されていないのでしょうか？　個と個で取り交わす結婚の約束が、いつのまにかあんなにお金のかかる一大イベントとなる所以《ゆえん》は、どこにあるのでしょうか？
しかし何より不思議なのは、どんなに違和感を覚えても、結婚式のいちいちに、がっつり感動している自分もいるということです。新婦からの手紙のくだりなんて、100％泣きます。この現象、何ですか？　自分が怖いです。結婚式って、いったい何なんでしょうか？

Kさんもまた、自分と同じように「なぜか感動しちゃう」わだかまりを抱えていた。そんな自分が怖い、とまで言う。でもほんと、なんでみんな、結婚を披露するのだろう。めでたいんだからいいじゃん、という強烈な無効化は、熟慮を踏んづける。なにがしかの状態が過剰でもそれが維持されているならば、持論を曲げてでも馴化しなければならない、という態度って危うくないか。Kさんが打ちひしがれたという当該の本を手に入れて通読してみる。三〇年前に出た一冊の本を当時の基準と決めつけるのは乱暴かもしれないが、最初の章「幸せな結婚とは」を開くと、思いの外、多様性を認める構えを見せている。「現代ほど結婚に対する価値観が多様化している時代はありません」という出だしは、もしかしたら、ミュージシャンが新作が出るたびに最高傑作と呼び続けるように、特に意味を持たない枕詞《まくらことば》なのかもしれないが、「結婚に関して心しておくことは『結婚は人生の一部であって、すべてではない』ということです。／とくに女性に多いのですが、結婚によって、自分の人生のすべてが変わってしまう、というような錯覚を持っている人が見られます。結婚が人生の重大な転換期であることは事実ですが、自分の全人生、全人格が変わるわけではありません」という主張には賛同できる。「とくに女性に多い」という断定は引っかかるが、女性は、生き方を一つの道に絞らなくっていいとの主張が強調されている。

とはいえ、縁談を依頼する手紙文例を見れば、「いたらない娘ではございますが、親に似て体だけは極めて丈夫です。／ご存知のように長男と長女はすでに結婚し、孫ももうけておりますので、後はこの次女だけが気がかりでございます」などとあるし、神前結婚式での座る順は「血の濃い順に席に着きます」とある。結婚式当日の朝、両親に向けて新婦は「おとうさん、おかあさん、長い間、お世話になりました。わがままばかりいいましたが、たいせつに育てていただいて本当にありがとうございました。では、これから参ります」と宣言し、それに対して「部屋はそのままにしておくから、いつでも帰っておいでね」などと返してはいけないと忠告している。Kさんの言う、家と家との契りを関係各所に晒すための儀とは、こういった聞き覚えのあるやりとりによって形作られていく。

この本を読んで驚いたのは、今、どの結婚式でも恒例となっている新郎新婦の挨拶が「ごく最近行われるようになったものです。今でも、どちらかといえば、行わないことの方が多いでしょう」とされていること。そうだったのか。新郎新婦が挨拶する機会って、むしろ、この三〇年ほどで一気に普及した慣習だったのか。新婦から親への手紙が、昨今、類型化していると以前の自著で指摘したこともあるのだが、そもそも挨拶が定着したのが最近のことだったのだ。
民俗学者・宮本常一《みやもとつねいち》に「女の位置」と題した一文がある（『女の民俗誌』岩波現代文庫）。

「粉糠《こぬか》三合あったら養子に行くな」ということわざがある。男でも家付き娘のところへ養子にゆけばみじめなものであった。女の地位の低く見られたのは女が嫁いで他家のものになるからであった。

日本では家が大切にされ、その家に血のつながりを持つものが尊ばれたのであって、他家からはいったものはやや低く見られる。世間も低く待遇するのである。したがって結婚して他家にはいらなければならない女の地位は低く見られることになる。

この記述が伝えるのは、「入る」の絶対性。従来、結婚式は「入る」ための儀式であり、入れたほうの家で行われてきた。しかし、明治の終わり頃から家以外の場で挙式するようになり、「結婚式が一般化するにつれて、女の位置もしだいに一定化してきたといえるのであるが、考えてみれば、女が結婚という事実を中において、自分の家から他家にその身をうつさねばならないというあり方に、女の地位をきわめて不安定にする条件があった」（同書所収「ふだん着の婚礼」）とある。結婚式場という、家以外の場ができることによって露骨な「入る」が少しずつ弱まった。その場では、高い・低いが消え、すっかり均一化したと言えるのだろうか。結婚における「女の位置」はどう変わったのか。

結婚式を挙げない夫婦が半数とも言われる中で、結婚式場業がどのような儲け方を画策しているかと言えば、当然、やってもらうからには色々とお金を使ってもらおう、である。経済産業省「特定サービス産業動態統計調査」にある「結婚式場業」を確認する。それぞれ二〇一五年と二〇一八年のデータを比較すると、売上高が七％ほど減ったのに対し、取扱件数は一一％とさらなる減少。逆に従業員数は四％ほど微増している。限られた数値から推察すると、取扱件数の減少よりも売り上げの減少は小さく、従業員は増えており、売上高の減少を一件ごとの挙式の価格を上げることで食い止めていると分析するのは無茶ではない。ますます少子化が進み、件数の減少が見込まれるなか、いただけるところからはいただきましょうとの傾向が高まっていく。

そんな現在、結婚式における価値観をどう再構築しようとしているのか。結婚式といえば『ゼクシィ』、その二〇一九年五月号を開くと、そこには結婚式の意味合いについて、「結婚式は格好つける場所じゃない。そこはふたりが心を開いて素直になる場所」「素直さがもたらす幸せな空気が、心が寄り添うきっかけになるから」と、とにかく素直になろうとの宣言がある。にもかかわらず、綴《と》じ込《こ》み付録の「みんな心地よい　今どき結婚の常識＆マナーBOOK」にはサブタイトルとして

「大切なのは相手に合わせること」とあり、親にどのように挨拶するべきかの項目では、「親voice」として「清楚なワンピース姿のお嬢さんで安心しました。（50代男性）」「お箸使いやビールの注ぎ方がとても上品で好感度大。（40代女性）」「親の前で息子を呼び捨てにされ、少しあきれました。（60代女性）」などの感想が飛び出てくる。それぞれに「いちいちうるせぇな」と舌打ちしたくなるこちらは、式を挙げずに正解だったとしみじみ痛感する。

定例×定例×定例×……

しかし、この痛感にどれほどの賛同が得られるかははなはだ怪しく、このところ、女性誌や女性向けサイトで頻繁に見かけるのが「彼ママコーデ」なる企画である。結婚を見据えているのかいないのか、いずれにせよ、彼氏のママに気に入られるコーディネートを画策することに疑いやためらいがないのである。たとえばウェブマガジン「MagaCafe」の「初めての彼宅訪問♡《彼ママタイプ別》愛され彼女コーデ決定版」では、「キレイめ清楚な家庭的ママ」には「長い間、家庭を守り、夫や子どもをしっかり支えてきた専業主婦系ママには、嫌みの無い、奇をてらわない、育ちの良さそうな王道愛されお嬢様スタイルが1番です♡」、「キャリア系ハンサムママ」には「自立した女性らしさを演出しつつも、〝息子の彼女〟らしい可愛げはキープしたい」、「若々しいオシャレママ」には「古典的な愛されコーデよりも、トレンド感をプラスした着こなしが重要。／ただしTPOはしっかりわきまえて、きちんと感や、キレイめ要素はキープ」といった表現が並ぶ。この三つのパターンに共通するのは、彼女であるアナタは、主体性をあんまり見せちゃだめだよ、彼と彼ママの意向に染まっていこうよ、である。いや、出してよ主体性、染まんないでよオマエ。

想定読者を二〇代半ばあたりに設定しているはずの女性誌『with』は、二〇一九年六月号で「with婚」なる特集を組んだ。メインキャッチコピーは「世界で一番ハッピーな花嫁になりたい！」。この手の女性誌には長めのネームとして架空のストーリーが添えられるのが恒例だが、そこには「2年付き合っているカレから、昨夜ついにプロポーズ。／レストランで跪《ひざまず》いて、まるでドラマみたいな展開に、／うれしいやら恥ずかしいやら……（笑）／憧れの赤いボックスに入ったリングは／どれだけ眺めていても飽きない美しさ。／あぁ、夢の中にいるみたいにシアワセ♡」とある。そう、やっぱり、主体性、あんまり見せんなよ、なのだ。

以前話題になった、福井県の結婚キャンペーンのキャッチコピーのひとつは「プロポーズ。ハイかYESで、答えてね。」だった。これにぶつけるべき正答があるならば「黙れ！」か「帰れ！」だが、結婚に対するこの手のピュアな感情の導入は、性別に準拠した役割分担の再構築に繋がっていく。明確に記号化、規律化されるわけではない。うっすらとオーラをまといながら、古臭い考え方が地味に再燃を繰り返し、定着し直していく。標準的な人間なんていつの時代も存在しないように、「標準的な結婚」なんてものも存在するはずがないのだが、かつて信じられていた型へ差し戻そうとする圧は、静かに強まっていくのではないか。

自分もKさんも、懐疑的なスタンスで情報収集すれば、どうしたってその手の情報が目につきやすくなる。結婚そして結婚式に対するスタンダードな態度を知るためにも、Kさんと結婚式場へ出向き、新婚カップルの体《てい》で、結婚式に向けた相談を持ちかけ、何をどうするのが「普通」なのかを学んでみることにした。〝偽装カップル〟の訪問は褒められたものではないが、聞くところによると、実は多くの式場スタッフが別の会場へ偵察に出向くのだという。当初は試食見学込みの四時間コースでお願いしていたのだが、数日前に一時間の相談会への変更を促された。「まずはお二人のイメージを……」という牽制《けんせい》、そんなの当然である。

都内とは思えない緑、でも、無理やり作られた感が消えない緑に囲まれた某所にある人気の結婚式場は、ポスターからパンフレットにまで、あちこちに「ストーリー」という言葉が繰り返されている。相談会場に案内され、ブライダルプロデューサーの到着を待つまでの間にパンフレットを通読すると、そこには、この星に住む全ての人からたった一人と愛を誓う人生最良の日を迎える二人は、祝福されることによって幸せになるのです、などといった大仰な言葉がたくさん羅列されていた。

「女性ならばだれもがときめくはず」といった文言にいちいち顔をしかめるKさん。「等身大の二人が迎える晴れの日」といった文言にいちいち顔をしかめる武田。「女性ならば、って何?」「等身大、って何?」と二人でコソコソつぶやいていると、二〇代半ばと思しき青年がやってくる。とにかく爽やか。元々爽やかであるのを自覚し、日々その爽やかさに磨きをかけている感じだ。こちらから聞く前に、ゆくゆくは起業しようと考えています、と言い出しそうな快活さに満ちている。〝偽装カップル〟に時間をとらせるのも申し訳ないと思うので、立て続けに質問をぶつけていく。あちらはこちらを探り、こちらもあちらを探る。とにかく多様な結婚式に対応できることをアピールしてくる。かかる値段は、おおよそ、出席人数×五〜六万円が相場、人数の平均は六〇人程度とのこと。軽めの雑談を混ぜようと「あれですかね、オリンピック婚なんて人もいたりするんですかね?」(取材は二〇一九年)と半笑いで尋ねると、青年が神妙な表情で、「はい、オリンピックに合わせて、というお客様は多く、来年の開催時期は既に予約が殺到しております……」とのこと。酷暑が続く夏の東京、マラソンランナーが熱中症で倒れてはいけない、との理由でスタート時間を早め、結果的に札幌開催となったくらいなのに、オリンピックで混み合う酷暑の都内にフォーマルな格好で来いというのか。どういった方が、と聞くと、「たとえば、先日いらしたお客様ですと、バスケットボール部同士のバスケ婚ですね」などの事例を紹介してくれる。バスケ婚ってなんだ?

彼から聞くどの話にも共通していたのは、物語を与えること。儀礼としての結婚式の在り方が薄まった以上、そうやって物語化するしか意味は作り得ないのかもしれない。Kさんの親が遠方に住んでいると聞けば、親御さんたちに特別な思い出を、と言い、自分の懐疑的なスタンスを嗅ぎ取れば、そのスタンスを無理に変えようとするのではなく、結婚式は新婦のもの、あるいは親御さんのためのもの、という物語性を強めてくる。新郎新婦それぞれの招待客のバランスってどれくらいがいいのか、やっぱりサクラを雇ってでも揃えた方がいいのでしょうか、との問いには、「はい、男女のバランスを気にされる方は多いですね」と教えてくれる。誰にとっても慣れない結婚式を無難に終えるためには、新郎と新婦のそれぞれの満足よりも、家族同士の契り、親族同士の契りが優先されていく。最近流行っているのは「親子ルーム」だそうで、これは親からの要望で出来上がったサービス。結婚式当日はお酌して回るなど親も忙しくなり、あまり娘や息子とじっくり対話する時間がない。そのために、式が始まる前に親子だけで向き合える時間と場所を用意するのが最近のトレンドなのだという。

純白ドレスにバージンロード、そういう清廉性を背負うのはなぜかいつも女性。「尻に敷かれる」と笑いをとる新郎はいても、「支えます」と宣言する新婦へ向けられる笑いはない。結婚式には、ありとあらゆる場面において定例があるので、定例×定例×定例×定例×定例×定例×定例＝結婚式みたいな感じになり、その掛け算の間にオリジナルを挟み込む。オリジナルが定例を刺激することで、むしろその定例が存在感を増すという悪循環を、いえ、好循環です、と返される。テンプレートと新機軸の応酬は、新機軸のテンプレート化を招く。そこにさらに新機軸がかぶさっていく。保守的な考えが切り崩されているのか、新機軸が保守化に吸収されているのかは読めないが、どんな結婚式に出席しようとも、抜本的な構造改革は行われていない。ブライダルプロデューサーは、「本会場ではお客様の要望に応えるために毎年リニューアルを行っている」と言っていた。式場としては挑戦的な取り組みに違いないが、骨格は変わらず、筋肉のほぐし方だけを変えている、ということなのだろう。

なぜがっつり感動するのか

結婚式の現場で起きていることを知りたい。特定の結婚式場だけでは、式場のカラーが限られてしまうだろうから、数々の結婚式場を渡り歩いてきたフリーランスの女性司会者に内情を聞くことにした。知り合いのつてを辿り、アナウンサー業のかたわら結婚式の司会を数多くこなしている森山さん（仮名）に話を聞くことができた。

「で、そもそも、結婚式の司会って、一体誰がやってるんですか？」という乱暴な問いかけに、「私のようなアナウンサーも多いですし、元レースクイーンの方とか、キャビンアテンダント、バスガイドなんかも多いですね。学校の先生が副業としてやっていることもあります」と答えてくれる。とにかく様々な経験談を聞く。そして、そこには、結婚式特有の古臭いジェンダー規範がじんわり滲《にじ》んでいた。

森山　最初に新郎新婦と打ち合わせをするのですが、嫉妬深い女性からは「うちの夫をたぶらかすのではないか？」なんて疑われたりします。だから、話をするときにも新郎だけにするのではなく、両者に目線を向けますし、決して二人きりにはならないようにします。あと、打ち合わせにお母さんを連れてくる新郎はマザコンの可能性が高いですね。打ち合わせでのマザコンっぷりを見て、結婚をやめた人もいるくらいです。結婚式のスピーチで、新郎母が「お母さんがこれからも食事をもっていくからね」と言っていた二人……別れましたね。

よくドラマで、結婚式当日に前の彼氏や彼女がやってきて、奪い取っていくなんて場面がありますけど、あれ、本当にあるんです。挙式当日に元カレがやってきて、新婦もそっちについていっちゃった。なんとかしてその場を取り繕わなきゃいけないから、新婦が体調不良になったってことにして、会食だけやりましたね。長年やっていると、結婚詐欺もありましたし、新婦が、お金を払ってかわいい女友達役を集めていた、なんてケースもあります。新郎側の列席者に「新婦の友達カワイイ子ばっか」と思われたいから、その手の女性を派遣するなんてこともあるんです。とにかく、見せることが重視されるわけです。

男尊女卑が炸裂しているスピーチも多いですね。ホント、モノを投げたくなりますよ。たとえば、新郎側の親族が「○○さん（新婦）、一刻も早く仕事を辞めて子どもを産んでくださいね」とか。これはもう断言できますが、結婚式の場を乱すのは親族なんです。久しぶりに会った親族同士が喧嘩をすることが多い。あの繊細な祝いの場を壊すのはもれなく親族。私たちとしては式を無事に終えたいので、あらかじめ、「伯父の○○さんにはあまり酒を注ぐな」などの情報が伝えられます。結果、彼らに配慮した展開になりやすいんです。

例えば、田中太郎さんと佐藤花子さんが結婚するとして、「これより、田中太郎さん、佐藤花子さんの披露宴を執り行います」と言うと、終わった後になって「なんで、田中家、佐藤家じゃないのか？」と苦情が入る。もう、面倒だから、私は、「田中太郎さん、佐藤花子さん、並びに田中家、佐藤家の……」と言うようにしています。婿入りだと順番が逆になるし、でも、婿とはいえ、男を立てるべきだからそのままにして、などなど無数に配慮すべきことがあるんです。

自分が悪いのですが、お名前を間違えてしまったときに、披露宴にかかった代金の一割を負担しろ、と大トラブルになったこともあります。私の事例ではないですが、裁判になったこともあると聞きます。

あー、めんどくせぇー。ただ面倒なだけではなく、その面倒さが、クラシックな家族像を復古させる力、どうにかして保とうとする力にも見えてくる。「あ、あと、『ゼクシィ』に載るとみんなやる」と一言。ケーキに色鮮やかなソースをかける「カラードリップケーキ」、ウェディングドレスを身にまとった新婦が新郎と初めて会った場面を撮る（その後、披露宴などでその写真を見せる）「ファーストミート」など、次々と新しい流行りを発生させていく。一概には言えないけれど、と前置きしつつ、式のバリエーションは増えても、二〇代前半同士の結婚観の保守化を感じるのだという。そこにどういった考えが根ざしているのか、何も根ざしていないのかはわからない。好きなインスタグラマーの結婚式をそのまま再現したい、インフルエンサーの結婚式の司会者が自分だったとの情報を得て自分に頼んできた、など、端《はた》から見るとなかなか軽薄な理由に思えるものも多い。だがそれは当然、こちらから介入すべきことではない。ただ、どんな取り組みを加えようが、引き算的に何かをするのをやめようが、そうはいっても男側を立てて、という態度が残っている。そのブレなさを体感するエンタメと思えば、結婚式って楽しいものなのかもしれないが、どこまでもそれを保持、そして拡張していっていいのだろうか。

結婚や結婚式についての選択は、冒頭に述べたように、「してもいいし、しなくてもいい」に集約される。逆にいえば、する、と判断した人に対して、それでいいのでしょうかと投げかけることなどできるはずもないし、しない、と判断した人に対しても、同様でなければならない。「コンコンコンコンうるさいわ！」と叫ばれるように、「婚」が「未」であるとされる価値基準が変わらないようであれば、「する」は、「達成」や「ゴール」の部類であり続ける。それは個人的達成に過ぎないのだが、社会的達成とする風習はなくならず、それを象徴する場が結婚式なのである。

あらゆる慣習にいちいち疑いを持つ私やKさんが、「結婚式のいちいちに、がっつり感動している」。なぜなのか。主役が決定され、その主役を愛でることも決定され、そのための儀式が複数揃っている時に、異論を挟み込む余地がない。完全な一方向性であるとき、あまりにイレギュラーな存在（＝既出の通り、ほぼ親族）が登場しない限り、その場は崩れない。崩れないという確約のある場では、人は異論を挟み込もうとは思わないものなのか。同化することにためらいのない場って、日常生活では少ない。感情が一種類になる。すばらしいことだ。「みんなで」に慣れない私たちは「みんなで」の勢いで行われる場所を本来であれば警戒する。しかし、目的があくまでも個人への祝福であり、当該の人物が、特別な権限を他者に行使してくる場面ではない限りにおいて、気持ちよく祝福することができる。ブライダルプロデューサーも結婚式の司会者も、そういう場でのイレギュラーがどこから発生するかを経験で知り得ている。マチズモは、古式ゆかしいものを好み、そういった場で意気揚々と生息する。今までもそうだったんだから、これからもこのままでいいんじゃないかという現状維持に、マチズモが顔を出す。でも、あの場では気づかないふりができてしまう。主役を凝視していれば、終わるからだ。

結婚式をしなかった自分たちだが、親からの要請で写真だけは撮ることになった。写真館で、梅の枝を持たされて撮るようなかしこまった写真が嫌だったので、カメラマンの友人女性に頼んで、特異なシチュエーションで撮ることにした。彼女が予約した、少しも日が射し込まないジメジメしたスタジオに出向くと、どこかに電話をかけて解錠する番号を聞くスタイル。いざスタジオに入ると、ハート型のクッションがたくさん置かれたメルヘンなベッドなど、全体的に生活感に乏しいあれこれが置かれていた。「もしかして……」と聞くと、「普段はAVの撮影で使われているんじゃないかな」とのこと。ならば徹底してその場を面白がる写真を撮ろうと試み、簡易的なキッチンでふざけている写真などを撮り、それを関係各所に送った。「こういう時でもふざけている」と呆れて欲しかったのだが、ある知人から「ごちそうさまでした」というメールが返ってきた。結婚についての善のオーラをちょっと皮肉ってみました、という姿勢が機能しなかったのだ。その人とは、話すことがすべて皮肉というような絶妙なコミュニケーションを続けてきたのだけれど、その時ばかりは、ストレートに受け取られてしまった。いや、あれ、そういうことじゃないんすよ、と長い言い訳メールを書いた。

結婚を誰かに報告するって、そういう人でさえ普通の返しをしてしまうほど、善のオーラをまとっているものなのか。無論、それを無理に切り崩す必要もない。ある種の麻痺状態に置かれるから、そこで何が残存するか、再生産されているのか、という着眼が鈍る。あの場で起きていることって、すべてがなんとなく許せる。ハッピーな気持ちになる。そこで、濃くなっているものがある、ということに注視が必要なのに。一体どうすれば「してもいいし、しなくてもいい」を浸透させることができるのだろう。結論が最初から出ていたくせに、むしろ、悩みが深まり、行き詰まってしまう。

七章

会話に参加させろ

男性しか参加できない

知人から「鼻歌泥棒をする親友がいる」との情報を聞きつけ、その親友の前で鼻歌を始めてみると、本当に泥棒していった。もともと特別なOnly Oneだなんて言われなくてもそんなこと最初から知っているのでいちいち言わないでよと何度だって思ってきた曲「世界に一つだけの花」の鼻歌を始めてみると、冒頭の「No1.にならなくてもいい」を終えたくらいの時点で奪われ、「もともと特別なOnly One」以降の鼻歌を彼が担当した。一通り鼻歌を終えたタイミングで、「今、鼻歌を奪いましたよね？」とニヤニヤしながら聞くと、「まぁ」と澄まし顔で答える。「どうして奪うんですか？」と聞くと、「別に奪ったつもりはないよ。二人で続けることもできたわけだし」と答えた。なるほど、彼が正しい。ハーモニーを奏でることだってできたし、彼が終えた後で改めて自分が奪い返すこともできた。むしろ自分は、彼に鼻歌を奪われにいった。自分を特異な存在と決めつけようとする働きかけに敏感な彼は、こちらがなぜ鼻歌を始めたのか、どのような表情で鼻歌を歌っているのか、瞬時に見極めていたのだろう。

こういった、「鼻歌を奪われるかどうか」という軽い実験であっても、鼻歌を始める側と奪う側の双方に、複数の選択可能性がある。

鼻歌を始める側の内心として、少なくとも、

1：鼻歌を奪ってくれると思いながら、鼻歌を始める。
2：鼻歌を奪ってくれることはないと思いながら、鼻歌を始める。

鼻歌を奪う側の内心として、少なくとも、

1：鼻歌を奪って欲しいってことでしょと思いながら、鼻歌を奪う。
2：鼻歌が流れてきたので、特段何も思わずに鼻歌を奪う。

がある。これはあくまでも最小限の選択肢で、本当はもっと無数に存在しているはず。鼻歌を始める側と奪う側にそれぞれ二つの選択肢があるだけでも、その組み合わせは四パターンになる。鼻歌を奪われるかどうかというシンプルな取り組みでも、こちらもあちらも、その反応を予測することは難しい。私たちが日々繰り返している会話は、無数の選択肢が半永久的にかけ合わさっている状態にある。すごろくのようにゴールまで一本道であることはなく、想定していた道を逸れ、側道

を走ったり、脇道に入ったりしながら、予想できない帰結を迎える。好きな俳優の話をしていたら親族の借金の話になり、タピオカブームの話をしていたらゴーヤを育て始めた話になる。このような経験は誰でも持っている。会話とは流動的であるがゆえに、いつだって自由が確保される。向かう先が決まっている会話になんか参加したくない。日々のコミュニケーションの中で、こういう感じにしたいのでこんな流れについてきてくれ、と要請されることって結構多い。人を笑わせる目的で放たれる会話が「逆に」「あえて」「まさかの」「無謀にも」「ぶっ飛んだ」展開によって笑いを獲得するのは、その場で正解とされるスタンダードな会話が存在しているからである。喫茶店の店員が客に向かって「どうする？　砂糖いる？　いらない？」とぶっきらぼうに聞くコントが面白いのは、その場では「コーヒーに砂糖はおつけしますか？」が正しいと知っているからである。人間の対話はその決まりを壊していけばいくほど柔軟になり、その当人の人間性も滲み出てくる。それなのになぜ「こういう感じ」が変わらないのか……それが、毎度ながらの編集者Kさんからの檄文を受け取った自分の、ひとまずの感想である。

ちなみに、本書で毎章の起点となる編集者Kさんの檄文について、（連載時に）読者の一人から「あれって、砂鉄さんが書いているのですか？」と聞かれたのだが、そんなはずがない。正真正銘、Kさんによる檄文である。檄文を受け取った後、その意図を詳しく聞こうと、休日の午後、下北沢の喫茶店へ行き、シフォンケーキを食べながら溢れ出る怒りを長々と聞いたほどである。編集者K

さんの訴えはこうだ。

電車の中やカフェなどでよく見かける、ある構図が気になっています。

例えば今日、平日の昼下がり、地下鉄の中で。おそらく営業先からの帰りであろう、若手女性社員一名、中堅どころの男性社員一名、その上司らしい男性社員一名。男性社員二名が、何気ない世間話に始まり、社内のゴシップ、仕事の進捗状況などの会話を繰り広げるなか、女性だけが明らかに蚊帳《かや》の外なのです。会話に混ざろうと、女性が「そういえば、先日◯◯でしたよね」などと新たに話題を提供するも、「あぁ」と相槌《あいづち》で流されるだけ。すぐにまた男性同士の会話に戻ってしまう。二度参加を試みたのち、女性はため息をつきながらiPhoneでツイッターをチェックし始めました。あの後、女性のアカウントでどんな罵詈雑言《ばりぞうごん》がつぶやかれたのか、とても気になる……そして、そんな環境で仕事を嫌いになってしまわないか、心配になる……という一五分のシーンに出くわしたのでした。

女性が男性同士の話に入れない状況を、幾度となく目撃してきました。無言の圧で「消される」体験をすると、だんだん発言するのが怖くなり、億劫になり、やがて、対話をする気持ちもなくなってしまいます。私自身、男性が参加者のほとんどを占める仕事の集まりに出席し、何時間も目の前で猥談《わいだん》が繰り広げられ、その間ずっと、「存在しない人」として扱われた経験があります。悲しいけれど、もう二度とこの会合には参加するまいと、心に決めました。

友人関係から民間企業、そして政治の表舞台まで、この世には、「男性にしか参加できない会話」があるようなのですが、目の前の女性を不快にしてまで、続けなければいけない内容なのでしょうか？　なぜ、女性を交えて気持ちよく会話することができないのですか？　その対話が「重要」であればあるほど、女性が排除されていると感じるのは、私だけでしょうか？

先に述べた若手女性と男性上司二人を見送ったあと、同じ車両に、女性の上司二人と若手男性社員一人の組み合わせが乗車しました。上司二人は、異動して間もないらしい、慣れない若手男性を相手に、これから向かう取引先とのこれまでの関係性を、丁寧に説明していました。偶然かもしれませんが、偶然とは思えませんでした。

オレがこう思っているんだから

目の前で繰り広げられている会話に参加できず、ひとまず「存在しない人」でいなさいと強いられるのって、とてもしんどい。いわゆるイジメの典型である。会話とは、本来どこへ広がっていくのかわからないものなのに、行き着く場所やその経路がすっかり決まっている会話がある。編集者Kさんが経験した「何時間も目の前で猥談が繰り広げられ、その間ずっと、『存在しない人』として扱われた」という事態。想像でしかないが、その場を仕切る人がいて、なにがあってもその人に追従する人がいて、あたかも自由に会話しているようでいて、話の道筋が最初から定まっていたはず。男性同士の連帯（連隊、でもいいかもしれない）で会話が運ばれていくとき、そこにいる女性からの切り込みは歓待されない。なぜなのだろう。

二〇一五年末、その春に電通に入社した高橋《たかはし》まつりさんが自殺し、後に過労死であると労災認定された。長時間労働が続いただけではなく、彼女が自分で死を選んでしまうまでのツイートを振り返ると、「存在しない人」を強いられていた痛切な思いが吐露されていた。

いくら年功序列だ、役職についてるんだって言ってもさ、常識を外れたこと言ったらだめだよね。人を意味もなく傷つけるのはだめだよね。おじさんになっても気がつかないのは本当にだめだよね。だめなおじさんだらけ。

（二〇一五年一一月三日）

男性上司から女子力がないだのなんだのと言われるの、笑いを取るためのいじりだとしても我慢の限界である。／おじさんが禿《は》げても男子力がないと言われないのずるいよね。鬱だ〜。

（二〇一五年一二月二〇日）

編集者Kさんの檄文を読み、この二つのツイートを思い出した。常識を外れたことを言い、「女子力」で人間を査定し、最若手の女性社員をいじることによって笑いをとろうとする。フリージャーナリストの中野円佳《なかのまどか》が、女性の中には「コイツには何言ってもいい系女子」がいる、「男性が圧倒的多数の中に若い女性が1人放り込まれたとき、女性はどうするか。『男性化』『おもしろい子化』するというのが、1つの生存戦略となる」（「現代ビジネス」・二〇一七年四月七日）と分析していたが、つまり男性にとっての「女子力」って、男性っぽい面白いことを女性らしく言う力、という矛盾した状態を指す。その矛盾を自分で背負うのが「女子力」らしい。

この電通の事件について、許しがたい見識をばらまいたのが、文藝評論家を名乗る小川榮太郎《おがわえいたろう》だった。二〇一八年の『新潮45』問題でも不見識な原稿を記したが、自らの見識が社会の見識にならないことに不満を漏らす様に一定の賛同が得られてしまう光景は、現在の言論空間の危うさを表出させた。小川がこの電通の事件を受けて記したのが「『電通鬼十則』どこが悪いのか」（『月刊Hanada』二〇一七年三月号）であった。彼の論旨は、「ノイローゼで社員が自殺する度に大会社の社長が引責していてどうするのか。ノイローゼ患者も自殺者も無数にいる。社会は理不尽であり、人間は弱い。制度の問題ではない、程度の問題なのだ」というもの。驚くのは、彼が「私はこの事件をよくは知らない」「いまも、実はあまり詳しくは知らずにこれを書いている」というスタンスで記している点。あまりに無謀なスタンスだが、一人の死について経緯など知ろうともせずに、オレがこう思っているからこうだろ、という主張をぶつけてくる。娘の死を無駄にしてはならないと過労死撲滅の運動を続けている母親に対し、「死を利用して日本の労働慣習を脅し上げるなど、見当違いも甚だしい」「残念なことに、その見当違いをよりによって自殺した女性の母親がしているのである」とする。「なぜこの人は、娘の死を社会問題などという下らないものに換算しようとするのか」という一文を読み返すたびに啞然とする。こういう原稿をそのまま載せる媒体の気がしれない。

なぜ彼がこういった文言を記したのかと読み返せば、彼自身、父親を執筆前年に亡くしており、「私にとって無限に尊い父の命も、他人にとっては路傍《ろぼう》の一エピソードに過ぎない。だからこそ、その死をかけがえがないと感じられるごく少数の人間は、死を社会的な値段になど還元せずに、自分の胸のなかだけで大切にし続けてやらねばならないのではないのか」とある。ある個人の死を社会問題と結びつけるものではない、と主張する。だって、自分にとって、父親の死がそうであったから、彼女の自死も大きく騒いではいけない、と言うのだ。彼の父の死因は明記されていないが

(明記せよと言っているわけではない)、高橋まつりさんは自ら命を絶ち、時間をかけて労災認定された。死を矮小化《わいしょうか》しようとする組織と戦い続けた家族や周囲の人々がいる。「自分の胸のなか」にだけ仕舞っておけるはずがない。「コイツには何言ってもいい系女子」的な行動を強いられ、この上なく残念な結果になった。その結果を受けて母親が社会に発信し、組織を告発したところ、オレがこう思っているんだからこうだろ、と言う男子が現れた。一体、誰なんだアナタは、という話である。

田房永子責任編集『エトセトラ VOL.1 特集:コンビニからエロ本がなくなる日』(エトセトラブックス)に声をかけてもらい、「『オレ』が思う通りにならない社会を」というタイトルのエッセイを書いた。エロ本の是非ではなく、コンビニにエロ本が置かれていることへの是非を問いかける雑誌の特集に、「コンビニという公共のインフラにエロ本が大量に鎮座しているのは、『オレがこう思ってるんだからこうだろ』という内容のエロ本を浴びてきた自分たちの頭の下支えになった。『公共のど真ん中』にあるものがそう言っているんだと、肯定的に引き受けて、やっぱそうだよな、とオレたちで確認し合ってきたのだ」と書いた。公共のど真ん中に「オレたち」の性欲が置かれた状態で思春期を過ごしてきた事実を自戒しつつ、そのまま維持されてきたことを問題視したのだが、この「オレがこう思っているんだからこう」は、エロ本に限らず、世の中全体に拡大できるのかもしれない。日常会話も、そして一人の女性の自死でさえも、オレの考えや事情が優先される。自分の父親が死んだ時は静かに見送ったんだから、「東大卒の可愛らしい女性の自殺」(と小川は記した)も騒いじゃいけないよ、と言うのだ。

とにかく「自己主張するな」

会話のバリエーションを奪われ、男性同士の話に入れない状況が繰り返される。編集者Kさんは、電車やカフェなどで見かけた会社員の男女の会話への違和感、学校や家庭ではなく、会社そして社会の中での「消される」体験を書き連ねていた。「あっ、消されている」と繰り返し気づく。その時、話者に「消している」という自覚はあるのだろうか。そもそも、女性に対し、消される訓練をしてから来い、という態度が常態化している可能性はないか。

ビジネスマナー、という、なんだか言ったもん勝ちのマナーが無数に存在するが、その中には、「女性のための……」という枕詞のついたものも多い。「男性のための……」となれば、それはセクシャル・ハラスメント方面でのレクチャーが中心になるだろうが、無論、ハラスメントって、性別を限定するものではない。でも、「女性のための」マナーは、ほぼ例外なく、文字通り女性のためであり、おおよそ、会社生活での多くを占める男性に迷惑をかけることなく、なんとか努力して馴染んでいきましょうね、という指令が下されている。社会とは男性が作っているのだから、社会に出たからにはまずは男性に合わせましょう、である。本章のテーマである「会話」に絞ってみても、男を引き立てることばかりが提唱されている。

池田智子《いけだともこ》監修『やさしくわかる！　マンガ　女性のビジネスマナー』（西東社《せいとうしゃ》）には「会話美人になるために」と題されたマンガがある。会話美人って何だよ、と首を傾《かし》げながら読むと、「話し方といえば、私、大きな声が出せなくて、自信なさげだねって言われることがあるんです」と悩む女性と、「私はすぐ早口になってしまうみたいで落ち着きなよってよく言われます」と悩む女性が出てくる（読点引用者）。そんな悩みを抱える二人に、先生が会話美人になるための三つのポイントをあげる。それが「スピード」「メリハリ」「アイコンタクト」。続く「好感度アップの話し方のコツ」でも、ニュース原稿を読むアナウンサーくらいのスピードがベストで、年配の方に向けては落ち着いたトーンで話すなどメリハリをつけると聞く側の集中力も継続するし、適度に目を合わせたほうがいいけれど、顔をじっと見続けると圧迫感を与えるので視線を外すことも必要……等々とにかくいちいちうるさい。

女性がその場の会話を主体的に展開させていくという想定はなく、いかに波風立てずに混ざっていくかのみが問われており、聞き上手であれ、会話が続くための相づちを学べ、と要請される。聞き上手になるには、自分の意見を挟んではいけないとの大前提がある。基本的に黙っとけ、を笑顔で受け止めるのが、会話美人なのだ。「聞き上手になるための5つのポイント」なるコーナーには、「話の腰を折らない」「自慢話こそ、しっかり聞く」などの項目が並ぶ。えっ、相手の話を遮るのは失礼なのか。日頃から、相手の話を遮り続けてきたが、話の腰を折るのって、その場の話を活性化させるために必要なことも多い。何度も聞いている自慢話も「はじめて聞くような態度」で聞けというのは、これほど会話を死に急がせる行為もない。会話を殺してでも話者に付き合うのが会話美人というのは、会話の可能性を低く見積もりすぎだ。

「会話が続く相づち」という地獄のようなレクチャーには、「そうですね」と同意や共感を伝えたり、「それで、どうなさったのですか?」と会話を進めたり、「大変でしたね」といたわったり、「さすが○○さんですね」と相手をのせたりしましょう、と羅列されている。それらの意図を一言でまとめるならば、「自己主張するな」である。とてもおかしい。それは会話ではない。会話って基本的に自己主張のぶつかり合いである。ベテラン男性に対しては「話題に窮したときは、父親の趣味などを話題にすると話が弾むことも」とのアドバイス。とにかく頷きまくり、もしも話題に窮してしまったら、あっちの趣味に合わせていけ、という。

同様の本をアトランダムにめくったが、この手の本にはほぼ同じようなことが書かれている。鈴《すず》木《き》あつこ著/千代田真紀《ちよだまき》監修『図解まるわかり 女性のビジネスマナー』(新星出版社)には、「仕事をスムーズに進める『空気の読み方』」という、もう、そういうのやめようと繰り返し議論されてきたはずの項目がそびえ立っており、空気を意識せずに暗黙のルールを無視すると人間関係で孤立します、言っていいことと悪いことをわきまえないといけません、発言を遮らないようにしましょう、と立て続けに要請される。とにかく、会社で働く女性はひとまず黙りましょうね、頷きましょうねと言われるのだ。マジでうるせぇ、と即座に吠えるアナタやワタシは、組織に向いていないのだろうか。イヤな上司との接し方といえば、本格的にでも、ご挨拶程度でも、「私、アナタのことがイヤです」と伝えるの一択だが、ここでは、「さまざまな人がいる」から「自分と違う考えや生き方をする人の存在を認めましょう」、なぜって、「完璧な人はいない」んだから、たとえ嫌味を言われても「さらりとかわして、気にしないよう努めましょう」とある。空気を読んで、苦手な人とも付き合いましょう。そんなのイヤだ。これでは社会は変わらない。温存される。

女性社員が振った新しい話題に対して「あぁ」の相槌だけで流したのも、高橋まつりさんが男性上司から女子力がないと言われていたのも、彼女の自殺を「東大卒の可愛らしい女性の自殺」と記して軽視する書き手がいるのも、社会に参画していく女性にひとまずそこで黙って頷いておけ、と徹底して言いつけてきた教育の成果なのだろう。会話のバリエーションを、受け止める側が限定し、話者にいつもの話をさせて心地よくなってもらうのが、会話美人の鉄則。会話の中で自分がどう消えるか、感情を表に出さずに馴染めるかが問われる。

新入社員の女性だけではなく、結果を出した営業ウーマンでも同様。山本幸美《やまもとゆきみ》『愛されて売れ続ける女性営業がしている10のこと』（あさ出版）では、「クールシンキング」が提唱されている。「冷静な考え方」を英語に直訳しただけだが、取引先企業の男性管理職から「女性は感情的だから難しい――」「論理的に考えるのが苦手な女性が多い――」と言われてきた経験を踏まえ、「常に冷静であることが必要」と繰り返す。感情的になって何が悪い、と思うのだが、とにかく冷静になれ、と言う。公共空間で感情的になっているのは多くが男性だと思うのだが、男性はよく「女性は感情的な生き物」と規定する。それって、実際にどうこうというよりも、そういうことにしておけば「男性は感情的な生き物」という規定から逃れられるからではないのか。

どんどん感情的になるために、次々と素材を投じていこう。関下昌代《せきしたまさよ》『好かれる女《ひと》と面倒な女《ひと》の習慣』（明日香出版社）は、そのタイトル通り、社会に出て、こういう女は好かれるが、こういう女は面倒だと思われるという比較を繰り返していく。そもそも、「好かれる」という受け身の状態でいいのか、という点から考えるべきだが、ただただ羅列されていく。

「好かれる女は、よく見てなじんで溶け込む／面倒な女は、いきなり自己主張する」
「好かれる女は、相手の話を聞きたがる／面倒な女は、自分の写真を見せたがる」
「好かれる女は、バカになれる／面倒な女は、バカにされることに敏感」

「好かれる女は、笑顔でかわいがられるのはあと数年、と思う／面倒な女は、若葉マークを外せない」
「好かれる女は、５㎝ヒールで背筋を伸ばす／面倒な女は、９㎝ヒールで靴擦れをつくる」

といった感じ。男社会の中で好かれる女になるための作法って、つまり、男たちの作法を丸ごと肯定することなのだ。これが繰り返されるから、ぶっ壊さないから、条件を設けた上で女の参加を認めていく社会が変わらない。馴染めよと男に言われ、はい、馴染みます、と言っているのだ。

商社の食堂で会話を聞く

皆が皆、日々忙しく働きながら、こういった本のメソッドを頭に入れているはずがない。オフィスで繰り広げられる実際の会話を知りたい。つてをたどり、日本を代表する大きな商社の社員食堂に潜入することが許された。数千人規模の社員数を誇る大企業にお邪魔し、そこで行われている日常会話がどのようなものか、観察・採取してみることにした。地下鉄を乗り継ぎ、複雑な地下道を経てようやく地上へ。目の前にそびえ立つ巨大なビルを見上げる、という田舎者の作法を披露しながらたどり着くと、無駄のない動きを続ける受付の女性から通行証をもらい、食堂のある階に向かう。基本的には一二時から昼休みが始まるが、一一時五〇分くらいなのに早くも行列ができている。中高時代、四時限目のチャイムが鳴り終わると同時にパンを買いに購買部にダッシュする生徒が多くおり、生徒同士がぶつかって怪我をしたこともあって問題視されたのだが、あれとほぼ同じような状況である。食堂を見渡すと、四〇〇～五〇〇人は入るのではないかというほどのスペースに次々と人がやってきて、みるみるうちに席が埋まっていく。

案内してくれた女性の竹川さん（仮名）に聞けば、「同じ部署の人たちで一緒に来ることが多いですね。女性たちのなかには部署をまたいで、何日か前から『この日は一緒にランチしよう』とか決めて来ることもあるんですけど、基本は上長が『そろそろ昼行くか』なんて言いながら、連れ立って来るんです」。女性社員の割合は二五％程度とのことだから、群れでやってくるほとんどが、「男性三名＋女性一名」や「男性五名＋女性二名」くらいの配分になる。

整然と並べられた長机に、いくつものグループが着席していく。彼らにとっては日常かもしれないが、自分には圧倒的な非日常空間。テトリスのブロックのように、空いているスペースに収まっていく彼らが、笑顔を絶やさないロボットのように見える。隅っこのほうに、長机とは独立した机があり、そこでは女性グループばかりが食事をしている。長机とは一定の距離があるから、アイツの悪口やアフターファイブの予定もいくらだって話せそうだ。だが、「多くの男性＋少しの女性」は、もれなく長机の空いているところを探す。竹川さんいわく、いつもこうなのだという。早めに陣どっていた人が手を挙げ、「こっち！　こっち！」と誘っている光景が見える。昼飯くらい自分一人で食ったらどうだと思うのだが、そういう提案をしにくい風土なのだろうか。

斜め前の席に、制服を着た受付の女性たちが三名ほど固まって食事をしている。今日はこれにて終わりなのか、それともこれからなのかはわからないが、他の人たちが和洋中のいずれか、しっかりとボリュームのある定食を選んでいるのに対し、彼女たちはそろって小鉢三個。小食である。何時間も続けて客を招き入れ続けて体力を消耗するだろうに、小鉢三個でいいのか。本当は四個、本当は定食、という気持ちを抑え込んでいる若手がいるのではないかと最若手らしき女性を見つめていると、笑うタイミングがおしなべてワンテンポ遅れているのがわかる。先輩が笑っているのを確認してから笑っている。心から笑えるようになるために、まずは小鉢三個順守から脱却してほしいなと願う。

男性たちはもちろんスーツ、女性たちは、オフィスで浮かないことを一義に考え抜かれたコンサバファッションをしている。「みんな、カセンですね」と竹川さん。「左遷？　派遣？　カセンってなんですか？」「化繊、化学繊維です。同じような格好ばかりでしょう」。前章で紹介した「彼ママコーデ」、今日そのまま彼氏の実家に挨拶に行ってキチンとしたご家庭に歓迎されるような、保守的ながら女性らしさを打ち出すファッション。四〇代と五〇代と思しき男性二名と、二〇代と思しき女性二名の計四名でご飯を食べている横に座る。話を仕切っているのは男性二名。女性二名は頷く準備を整えながら手元の定食に目をやっている。商社ということもあってグローバルな話題に花が咲く。もうすぐワシントンに出張で行くという四〇代・男性に対して、五〇代・男性が「お前、英語は大丈夫なのか？」と突っ込みながら、勢いよく話し始める。

五〇代・男性　まぁ、自分の経験からすると、ワシントンなんてのは、結構、英語がキレイな印象はあるよね。だからいわゆる日本語英語というのかな、そういう英語でも伝わることが多いんだよ。ビジネスをする上では支障はないけど、街中で飲むなんてことになったら、少し苦労するところもあるかもしれないね。まぁ、俺が行ったのはもう、一五年も前、いや、あれ、もう二〇年近く前になるかな。佐々木次長が直属の上司だった時代だから。いや、佐々木さんはもういなかったか。イヤになっちゃうな最近、物忘れが激しくて。

女性二人が「ははは」と乾いた笑いで返す。四〇代・男性が「ワシントンはもう三回目なんだけど、人の運に恵まれていて、今回も現地のスタッフがバックアップしてくれている。英語も、毎回不安なんだけど、無理をしないで、誰でも知っているワードを組み合わせれば伝わるんだよね」と続ける。こういっちゃなんだが、とにかく話が面白くない。現地の夜ご飯の話、出張が長くなれば家族も寂しがるかと思いきやお土産を楽しみにしているだけ、という話など、商社に足を踏み入れたのは今日が初めての自分にも、思わず「その話、もう聞き飽きたっすよ！」と話しかけたくなるつまらなさ。女性二人が時折頷き、男性上司が自分の経験を畳み掛けるように披露する。

男性二名が先に食べ終わる。女性二名は生姜焼き定食を頼んでいたが、それぞれ肉が一切れ少々残っている。男性二名が女性たちに「早く食べて！」と急《せ》かすわけではない。面白くない出張話に頷きながら、女性たちが少しだけピッチをあげている。全員が完食し、出張話をなんとなく四人全員で交わす感じがしばらく続く。ゆったりとしたペースで会話が静まっていくと、五〇代以外の三人が、お盆に手をやる。五〇代の上司が「さぁいきますか」と言うと、四人が同時に立ち上がる。あたかも、相撲の立合いのように、相手の動きに合わせて動き出す。その様子をまじまじと見ているると、隣で竹川さんが含み笑いをしている。自分にとっては、この「同時離席」がとても新鮮なのだが、どうやら当たり前の出来事らしい。

竹川さんは、あまりこういった群れの中に加わらないように心がけているそう。

竹川 基本的に男性の上司が話すのって、ゴルフの話か、家族の話。私、ゴルフのこと知らないし、家族の話って、突っ込んで聞くこともできないから頷いているだけになる。あと、この会社、商社ということもあって、軍事用語みたいな言葉が飛び交うんですよ。
武田 なんですか、軍事用語って?
竹川 戦術とか、陣取りとか、空中戦とか。
武田 軍事産業にかかわっているんですか?
竹川 いや、ビジネス上のたとえです。ネット上で繰り広げられるビジネスのことを「空中戦」って言ってみたり。

耳をそばだてていると、仕事の話があちこちから聞こえてくる。空中戦というフレーズは聞こえてこないものの、セグメンテーションとか、オーソライズとか、よくわからない言葉が空中戦のように繰り出されている。化繊の女性陣がひたすら頷いている。自分は大きな仕事を動かしている自負が食堂に飛び交う。「男性にしか参加できない会話」がベースとして存在し、そこに参加する資格を示せ、と暗に求めてくる。適当に頷き、適当に切り返し、一緒のタイミングで席を立つミッションは、慣れればさほど難しいものでもないのだろう。でも、自分には異様に思える。

会話を奪おう

観察を続け、一三時過ぎに早速閑散とした食堂にぼーっと佇みながら、大杉栄《おおすぎさかえ》の「自我の棄脱」という一文を思い出した（飛鳥井雅道《あすかいまさみち》編『大杉栄評論集』岩波文庫）。

兵隊のあとについて歩いて行く。ひとりでに足並みが兵隊のそれと揃う。

兵隊の足並みは、もとよりそれ自身無意識的なのであるが、われわれの足並みをそれと揃わすように強制する。それに逆らうにはほとんど不断の努力を要する。しかもこの努力がやがては馬鹿々々しい無駄骨折りのように思えて来る。そしてついにわれわれは、強制された足並みを、自分の本来の足並みだと思うようになる。

なんか、こういう感じだったのだ。出張先での英語の心配をするというつまらない話に対して、「どうしてこんなに話がつまらないのだろう」とは思わなくなる。そうやって、男性の優位性が保たれている会話の中に馴染んでしまう。でも、これでは、何も変わらない。自分たちの得意な会話を、ずっとそのまま続けられてしまう。その空間にいる人たちが麻痺している。本来、会話とは無限の可能性を持つものなのに、それをわざわざ限定的なものにとどめていく。当初、面白くない話をしている自覚はあったのだろう。でも、その都度、指摘されず済む中で、その話が流されていく。散々紹介したように、女性は、社会に出るにあたって、とにかく事を荒立てる会話をするなという教育を受ける。話を引き出して、頷きましょうと教えられる。結局、「コイツには何言ってもいい系女子」になる道を選ぶしかなくなってしまう。

男性として生きていると、会話の中で、選択肢を剝ぎ取られて、この話をよろしく、と強制されることが少ない。会話の主導権を握れることに驚きがないのだ。会社に入り、二〇代から三〇代の間に、ゆっくり会社に慣れていけばいい男性と、結婚や子育てなどのキャリアプランを頭に置きながら選択しなければならない女性とでは、求められるスピードが異なる。そこにできるかぎり差が生じないように社会の仕組みを整えていかなければならないのに、前出の『愛されて売れ続ける女性営業がしている10のこと』には、女性は男性よりも「早咲き」が求められるから、同期入社の男性と三五歳で同じ係長の立場で合流するには、三〇歳を迎える前に出世をして、結婚して子どもを産んで育児をして復職しろ、とある。男女それぞれのキャリアプランがイラストを添えた図になっているが、女性が「早咲き」している間、イラストの男性は鼻歌交じりでパソコンを見たり、同僚とビールで乾杯したりしている。オレたちの世界に馴染め、女は時間ないぞ、急げ、という要請が積み重なっていく。どうしたらそこに向けて「馴染まねぇよ！」と切り返せるだろうか。馴染ませようとする強制性を目の前にした時に、疑いの目を注いでいくしかないのだが、その時に、女性のパーセンテージが低ければ、どうしたって頷くしかない環境が持続しやすい。それを食い止めるのは男性でも女性でもできるはず。オレがこう思っているんだからこうだろ、に対して、別にそっちがそう思っているからって、そう決まっているわけではないでしょ、と切り返していく。それをしないと、本来、豊かである会話がどこまでも貧弱になっていく。

食事が終わったタイミングを見計らって、「さぁいきますか」で皆が立ち上がらない社会を目指したい。食べ終わって、どれくらいの時間ゆっくりしていたいのか、決めるのはあなたではなく私に決まっている。会話の主導権を奪う回数を増やす。これは本書のタイトル、マチズモを削り取れ、という呼びかけに対する具体的な行動としてあらゆる場面で有効である。会話を奪おう。

八章

甲子園に連れて行って

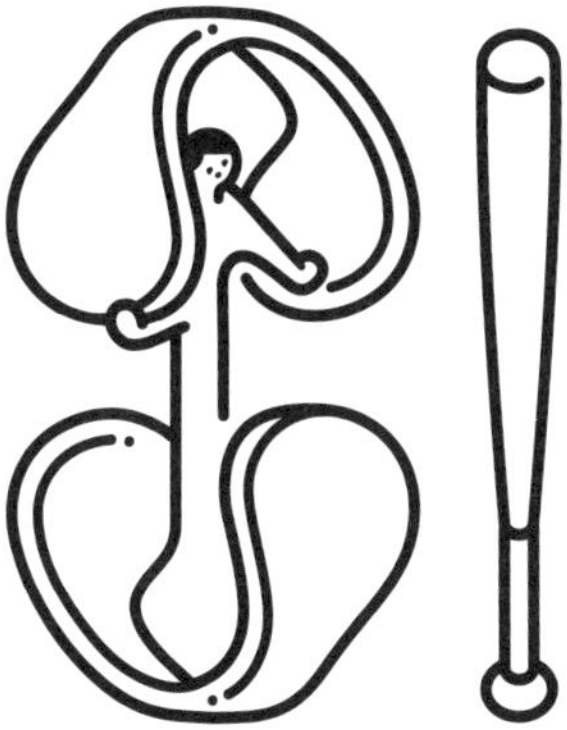

美談として処理されるマネージャー

まず、こちらの記事をお読みいただきたい。

新潟県加茂《かも》市の加茂暁星《ぎょうせい》高校で21日、野球部のマネージャーを務める2年の女子生徒（16）が練習直後に倒れ、意識不明の重体となっていることが県警への取材で分かった。野球部の練習が終わった後、練習をした球場から同校までの約3キロを走った後に倒れたという。

同校によると、女子生徒は21日午後5時半すぎ、同校から約3キロ離れた田上《たがみ》町の町営羽生田《はにゅうだ》野球場で練習に参加した。練習は午後7時半ごろに終わり、学校までの約3キロを25分ほどかけて男子部員と一緒に走って帰ったが、到着した直後に玄関の前でしゃがみこんで倒れた。搬送された新潟市内の病院で、低酸素性脳症と診断されたという。

女子生徒は普段、この球場に行き来する際、用具などを積み込むマイクロバスに乗っていた。この日は、けがをした部員がバスに乗るなどしたため、監督は「マネジャーは、マイペースで走って戻るように」と指示したという。加茂署は、業務上過失致傷の疑いもあるため、関係者から事情を聴いている。

（朝日新聞デジタル・二〇一七年七月二五日）

残念なことに、この女子生徒は後日、亡くなってしまう。日頃はマイクロバスで移動していたが、この日に限って、けがをしてしまった部員を優先するため、バスに乗ることができなかった。歩いて帰るのではなく、監督の指示はなぜか「マイペースで走って戻るように」。加えて、記事には「男子部員と一緒に走って帰った」とある。現場を見たわけではないので立証はできないが、「男子部員と一緒に」走るのが彼女の「マイペース」だったとは到底思えない。その日の新潟県の最高気温は三四度近かったようだから、午後六時前後でも蒸し暑さは残っていたであろう。マネージャーとしてあくせく動き回ったあとで、普段は走らない三キロを男子部員と走るのは容易《たやす》いことではない。成人男性が一キロ歩くのにかかる時間が一二〜一五分といわれているから、三キロを二五分で走ったというのはそれなりのスピードである。

部活中の死亡事故は後を絶たない。とりわけ野球部員の熱中症による死亡事故が多く、日本スポーツ振興センターによる調査（一九七五〜二〇一七年）では、クラブ活動中に熱中症で死亡したのは一四六人で、このうちの三七人、実に四分の一が野球部員だった。練習が終わった後だろうが、それが女子マネージャーだろうが、走って帰らせる。指導者の無理解や過信によって命が奪われ続けている現状を、スポーツ事故の各種調査結果が裏付けている。だが本章で議論したいのは、その点ではない。先のニュースから一年経ったあと、このような記事が出た。媒体は、同じ朝日新聞。特定の生徒名を晒す意図はないので、一部伏せ字にしておく。記事のタイトルは「練習直後に倒れ…亡き女子マネジャーへ、捧げる2本塁打」である。

加茂暁星の今夏にかける思いは強かった。ベンチには、昨夏、練習直後に倒れ、その後亡くなったマネジャーの女子生徒（当時2年）の写真が飾ってあった。

第4シードで臨んだ今大会。準々決勝は自慢の強打が発揮できず、敗れた。試合後、主将の◯◯（3年）が、写真の中で笑う女子生徒を見て言った。「誰かがボケると大げさにこけたりするおちゃめな子だった」。気づけば周りに人が集まる明るい性格だったという。

4番の□□（3年）も、思いは同じだ。福井県敦賀《つるが》市の実家を離れて寮生活を送っている。1年の頃、ホームシックで母親にほぼ毎日電話していた。そんな時に、女子生徒が相談に乗ってくれた。「私のことをお母さんだと思えばいいじゃん」。ふっと気が楽になった。ベンチから外された時は、自主練習に付き合ってくれた。

4番の□□は3回戦で2本塁打を放った。ホームランボールと一緒に女子生徒に報告に行くつもりだ。「いまは、ただただありがとうと言いたい」

（朝日新聞デジタル・二〇一八年七月二二日）

主将の彼も、四番バッターの彼も、その想いに嘘偽りはないだろう。苦楽を共にしてきた近しい仲間が亡くなってしまった。彼女の無念を想い、気持ちを受け継ごうとするだろう。彼女がそばで見守ってくれる、と思うだろう。真摯な気持ちを疑うはずがない。問題は、こうしてたちまち美談に変換してしまう新聞社の〝筆さばき〟である。言うまでもなく、朝日新聞社は夏の甲子園大会の主催社。果たして彼らは、本塁打を捧げた側に乗っかるだけでいいのだろうか。亡くなったマネージャーの人物像を周辺の声から組み上げ、物語に活用しやすい言葉を引っこ抜いていく。「甲子園に連れて行くという夢をかなえられなかった」「相談に乗ってくれた。『私のことをお母さんだと思えばいいじゃん』」「いまは、ただただありがとうと言いたい」。物語を編み上げ、たった一年で美談として消費させる。

高野連（公益財団法人日本高等学校野球連盟）は、女子マネージャーという存在を軽んじてきた。その軽視は、高野連のみに存在しているのではなく、「甲子園」や「高校野球」という存在という物語を受け止める社会全体にもあるだろう。少なくとも、その組織と伝えるメディアは一蓮托《いちれんたく》生《しょう》だ。甲子園で、性別を問わず記録員がベンチ入りできるようになったのは一九九六年のこと。

二〇一七年からは試合前の練習に女子マネージャーの参加がようやく許されるようになったが、それでも全面解禁というわけではない。高野連事務局内の反対の声が大きかったこともあり、活動エリアが人工芝部分に限られ、外野ノック時のボール渡しやベンチ前でのタイムキーパーなどに限定された。

ルールが緩和されたその年、ある高校の女子マネージャー二名が、練習を開始しようとグラウンドに向かうと、大会関係者に制止された。ここには女は入れない。同様のことが何件か続いた。これは男女差別をしているのではなく、登録選手以外の立ち入りを禁じているだけ、との見解もあるものの、大会参加者資格規定に「その学校に在学する男子生徒」とあることを考えれば、「女性」という性が例外的に扱われてきた、扱われ続けていると考えるのが自然である。あたかも大相撲の土俵のような措置だが、日頃の練習時にはあれやこれやと密接にかかわらせておきながら、この時ばかりは立ち入りを認めないという慣習を、組織とメディアが一丸となって保持している。先の女子マネージャーは練習後に男子生徒と一緒に走らされた後に亡くなった。その事実がたった一年後に美談として消費されるのは間違っている。男子に隷属する女子マネージャーの存在が、この社会を凝縮しているように見えてくる。

男たちの満足を代替する

今回も編集者Kさんからの檄文が届く。

「私を甲子園に連れて行って」。

この手垢《てあか》にまみれた表現に、違和感をおぼえてきました。毎年日本中が沸く、高校野球。高校球児にスポットライトが当たるなか、彼らを支える生徒たちの〝ドラマ〟も、盛り上がりに欠かせない要素になっています。アルプススタンドを賑《にぎ》わすチアリーダーやブラスバンドは、参加するモチベーションが（まだ）理解できる気がするのです。プレイヤーとしての技術の向上を目指し、それぞれの競技や演奏の大会もあるでしょうし、個の活動としてのやりがいを想像することもできます。

一方で、かねてより気になる存在だったのが、マネージャー。ご丁寧に「女子」と添えられる彼女たちと選手の関係、部活という小さな社会のなかで顕在化していると思われる男性優位の構造を、疑問視してきました。元野球部マネージャーの友人におもな活動について聞いたところ、選手のユニフォームを洗ったり、お茶を作ったり、グラウンドを整備したりと、選手の身の回りのあらゆるケアを担うそう。選手がプレイに集中するのは当たり前だし、そもそもマネージャーたちだって希望して入部したのでしょうから、そのことに目くじらを立てることは不毛、なのかもしれません。

　でも、一〇代から、「女性が身の回りのケアをして当たり前」の環境で過ごした男性が社会に出て、その過去をきっぱり忘れ去り、女性と対等に向き合うことができるのだろうかと、「感動をありがとう」といった球児への感謝のツイートの群れを見ながら考え込んでしまいました。野球だけでなく、あらゆる体育会系の部活動において、マチズモの源泉、マチズモの原体験が潜んでいるのでは……と、想像するのですが、いかがでしょうか？

　すべての高校生が、否、すべての人が、誰かに「連れて行って」もらうのではなく、自分の意志で、自分の力で、行きたい場所にどこにだって行けるような環境で生きられたらいいのにと切に思います。


　先の美談にも「甲子園に連れて行くという夢」という言葉が出てきた。マネージャーを甲子園に連れて行く。シンプルで強い物語だ。あだち充《みつる》『タッチ』（小学館）は、野球部のマネージャーだった浅倉南《あさくらみなみ》が幼馴染の上杉和也《うえすぎかずや》に「甲子園に連れて行って」と夢を伝えるも、和也が事故死してしまい、その遺志を引き継ぐように双子の兄・達也《たつや》が甲子園を目指す物語だ。達也が南にこんなことを伝える場面がある。

和也がマウンドで考えていたことは――／おまえを甲子園につれていくためには、どんなすごい打者でも打たれるわけにはいかなかったんだ。／南の夢をかなえることしか頭になかった、あいつは南のためだったらなんでもできる男なんだ。／おまえのひと言が和也のボールにわけのわからない力を与えていたんだ。

わけのわからない力？　そういった感覚的なものに突き動かされる場面は、この手の漫画やドラマで必ず盛り込まれる。その精神論が、実際の現場にすっかり蔓延《まんえん》していく。サッカー部で控えゴールキーパーに甘んじた自分の中学時代ですら、この手の精神論を繰り返しぶつけられた。後ほど取材した模様を紹介するが、『女子マネージャーの誕生とメディア　スポーツ文化におけるジェンダー形成』（ミネルヴァ書房）を著した高井《たかい》昌吏《まさし》は、試合終了後に円くなって涙する部員が、監督に促されて女子マネージャーを慰労する拍手を贈っていた例や、卒業時にユニフォームをプレゼントされて感動した女子マネージャーの例などをあげながら、女子マネージャーは戦う集団の中にいるのではなく、彼らとともに泣いているのでもなく、「男たちの感謝の気持ちによって心を打たれ、その結果涙し、感動している」（傍点原文）のであり、それは「代替満足」なのだとした。

もちろん学生スポーツのマネージャーの中には男性もいるが、男性集団の場合は一体感から感情が引き出されているのに対し、女子マネージャーは「男性集団から癒しの言葉をかけられて涙し、感動している。これは、きわめて対照的な事実」なのだ。確かに浅倉南が欲していたのは、まさに「代替満足」そのものだった。先の美談もその型にあてはめられていた。「代替」の濃淡によって、感動のボルテージが定まる。その調整弁を握るのは女子ではない。絶対に男子なのだ。

女子マネージャーの存在を懐疑的に議論しようとすると、「自ら望んでやっているんだから別にいいでしょ」という意見がひとまず繰り出される。その意見が可視化されたのが、二〇一四年の「おにぎり二万個」論争だろうか。春日部《かすかべ》共栄《きょうえい》高校野球部の女子マネージャーが、部員のために二年間に二万個ものおにぎりを握るなど、マネージャー業に勤《いそ》しんできた。忙しいあまりに、最難関校受験を想定する選抜クラスから二番目のクラスに転籍した、との内容がこれまた美談として報じられた。高校野球というフィルターを通過するとなんでも美談になるらしく、選手の声として紹介されたのは、やっぱりここでも「日本一の女子マネにしてあげたい」というもの。日本一の女子マネになってほしいのではなく、してあげたい。選手のケアのために自分の人生を放り投げなくても、といった批判と、本人が決めたことなのだからそれでいいのではないか、との擁護がぶつかった。

ネット検索すれば、本人のルックスの良さを持ち上げる書き込みばかりが目立つ。チームが甲子園で敗退し、マネージャーが部を去る際のインタビューでは「自分のやってきたことに後悔はありません」と語り、練習のたびに二〇〇〜三〇〇個のおにぎりを作ることについては、「選手の練習の大変さに比べたら、大変じゃないです」とした（「withnews」・二〇一四年八月二〇日）。

「代替満足」を得る方法を自分で選び抜く、というスッキリしない主体性に、外から何かを言うことはできるのだろうか。補助的業務に従事するという彼女の判断を否定することはできないし、その必要もない。そのポジションにおさまることを咎めるのではなく、そのポジションが微動だにせず、「女性が身の回りのケアをして当たり前」になっていることに違和感を持ちたい。

男性の領域を踏み越えていく

前出の『女子マネージャーの誕生とメディア』の著者で、東洋大学社会学部メディアコミュニケーション学科教授・高井昌吏のもとを訪ねる。二〇〇五年に刊行された本書の執筆のため、真っ先にとった調査手法に驚く。高井は各学校の資料室や図書室を訪ね、昔の卒業アルバムや部員名簿を片っ端から閲覧していった。生徒の個人情報が厳重に管理されるようになった現在では不可能な手法だが、大量の卒業アルバムを年を追って確認していくなかで、興味深い傾向に気づいたという。「当初は集合写真の片隅にひとりぽつんと写っていた女子マネージャーが、時代が流れるにつれ、だんだんと写真の中央にやって」きたそうで、「時には部員以上に堂々と写っており、表情も徐々に柔和なものに変わって」いったのだという。それは、段々と存在感を増してきた、という理解でいいのか。そもそもなぜ、女子マネージャーを研究しようと思ったのだろう。

高井　高校野球について色々と調べていたんですが、ある時、〝女子マネ〟って面白い存在だなと思ったんです。自分は女性ではないですが、自分がそうだったとしても絶対にやらないなって感じがしたんです。

女子マネージャーという役職は、基本的には日本にしか存在しない。海外では選手のコンディションを専門的に整える人はいても、おにぎりを握り、スポーツドリンクを作り、笛を吹き、湿布を貼り、ユニフォームを洗い、声援を送る人はいない。私たちがすっかり疑わなくなった、この特殊な役務は、高度経済成長期、つまり一九六〇年ごろに生まれた。その歴史は決して長くない。プロ野球が浸透し、東京オリンピックの開催が決定したころ、「形式的には女性排除、潜在的には女性の取り込みという二重構造」が生まれた。それまで男子がマネージャーをしていたが、受験勉強を強いられるようになった男子高校生が増える中で運動部員が減少傾向にあり、受験する必要がなかった女子がマネージャーになっていった。

高井　マネージャーになった理由を聞いてみると、たいした理由があるわけではないんです。男子の近くにいたい、とか、そんな理由も多い。特等席を得た感覚もある。マネージャーというポジションについて、ヒエラルキーの上位にいるとの自覚を持つ女子が多かったことは印象的でした。たとえば、中学でソフトボール部に入っていたけど、高校に入って野球部のマネージャーになる、それをステップアップと考える。例の「おにぎり二万個」論争にも通じる話なんですが、自分でそれを選んだのだから、何も悪くないだろう、と思っている。話は少し変わるかもしれないのですが、職業柄、大学生の飲み会に参加します。すると、何も言わなくてもサラダなどを取り分け始める女の子がいる。で、その子を見る女の子の目がとにかく恐い。その状態が制度化された存在が「女子マネ」なのかもしれません。自分で志願してやっているから、という状態と、でも、それってどうなの、がぶつかっている状態にある。

酒井順子《さかいじゅんこ》が『男尊女子』（集英社）で、「女は男を立てるもの。女は男を助けるもの」という感覚を持つ女子校出身者が多いことに気づいた大学時代を振り返りながら、女子マネージャーについて「尻尾を振って男の汚れ物を洗濯するとは、どういう感覚なのか……」としみじみ述べていたことを思い出す。本来、マネージャーというのは男性の領域に存在していたものであって、当初、その男性の領域を踏み越えていく女性は、高野連から批判される対象にすらなっていた。男のポジションに女が就く。それゆえに、社会からは問題視されることなく、むしろ発展的なものとして捉えられた。結果、いつの間にか日本独自の慣習として定着していった。

高井　一〇年ほど前に『もしドラ』ってあったでしょう……

あった、あった。岩崎夏海《いわさきなつみ》による小説『もし高校野球の女子マネージャーがドラッカーの「マネジメント」を読んだら』（ダイヤモンド社）は、高校野球部のマネージャーが書店で偶然手に取ったピーター・F・ドラッカー『マネジメント』を読み、部内改革に取り組んでいく話だ。小説の冒頭では、マネージャーがみんなを甲子園に連れて行くと申し出るも、部員から醒めた対応をされてしまう。なぜって、甲子園は女に連れて行ってもらうものではなく、男が連れて行くものだからだ。小説のカバーイラストに使われているのは萌え絵、映画化されると、その総合プロデューサーは秋元康《あきもとやすし》が務め、主要キャストに自分のプロデュースするアイドルグループのメンバーを起用した。

高井　私があなたたちを甲子園に連れて行きます、と女子マネが宣言するのって、物語としては面白いんです。だけど、彼女たちがそうやって主体的であることが面白いというのは、逆にいえば、そういう人がいないからですよね。

女子マネージャーは、「清楚」「清純」の象徴として用いられやすい。夏場に流される清涼飲料水のCMを思い返せば、いくつかの具体的なシーンが思い浮かぶだろう。スポーツをしている男子に従属している女子、付き添う女子という光景は、夏の爽やかさを創出するために繰り返されてきた。高井は著書の中で、男性スポーツ集団と女性が接触する「境界」を生きる存在として女子マネージャーを位置づけているが、その特性のひとつに「母性」を挙げている。監督がいつの間にか「父」の役割を果たし、マネージャーがいつの間にか「母」になる。「『母性』というものは近代社会のなかで構築されたイデオロギーであり、それが『神話化』されていったにすぎない」のに、女子マネージャーに母性を求め、求められた母性を期待通り披露してしまう。先述の記事でも、回想する言葉の中に「私のことをお母さんだと思えばいいじゃん」というものがあった。

二〇一六年のアメリカ大統領選挙のわずか一ヶ月前、ドナルド・トランプが、女性を口説くためのテクニックをひけらかしている映像が公開された。そのなかで彼は「こっちがスターなら、女は許してくれる。何でもできる。アソコをつかむことだってできる。何でもできるんだ」などと、はしたない言葉を述べていたが、彼の言い訳は「ロッカールームの軽口」というものだった。これにキレたのが現役スポーツ選手たち。オレゴン州の高校では、学生アスリートのグループが「性的暴行は、ロッカールームの軽口じゃない」との言葉を添え、「ワイルド・フェミニスト」なるスローガン入りのTシャツを着てみせた（以上、本段落は、レイチェル・ギーザ『ボーイズ　男の子はなぜ「男らしく」育つのか』〔冨田《とみた》直子《なおこ》訳、ＤＵ ＢＯＯＫＳ〕を引用・参照した）。

アメリカンフットボールが人気のアメリカでは、スター選手がその地域の功労者となる。たとえレイプ事件を起こしても、逆に被害者が責められてしまうほど。だが、モンタナ州ミズーラにあるモンタナ大学で起きたアメフトチーム「グリズリーズ」によるレイプ事件のもみ消しを追ったジョン・クラカワー『ミズーラ　名門大学を揺るがしたレイプ事件と司法制度』〔亜紀書房〕に詳しいように、アメリカではスポーツ界が生み出す性差別に敏感に反応する社会が形成されようとしている。

その点、日本はどうだろう。

まずその場の安全を優先するべき

スポーツは、性別分業の悪しき形を繰り返してきた。夏季オリンピックの全種目で女子選手の出場が可能になったのは二〇一二年、ごく最近のことだ。日本の女性アスリートのパイオニアである人見絹枝《ひとみきぬえ》は、一九二八年のアムステルダム五輪に八〇〇メートル走で出場して二位でゴールするも、直後に意識を失ってしまう。国際オリンピック委員会は、「やはり女性には無理」としたという（飯田貴子《いいだたかこ》／熊安貴美江《くまやすきみえ》／來田享子《らいたきようこ》編著『よくわかるスポーツとジェンダー』ミネルヴァ書房）。

二〇一九年、サッカーの女子ワールドカップ・フランス大会で四度目の優勝を果たしたのがアメリカ代表。最優秀選手に輝いたミーガン・ラピノー選手のスピーチが話題になった。レズビアンであることを公言しているラピノーは、これまでもLGBTの権利を認めないドナルド・トランプ大統領を批判し、W杯前のインタビューで「（優勝しても）クソみたいなホワイトハウスには行かない」と発言、トランプ大統領に「喋る前にまず勝つべきだ」と反論されたのを受けて、見事に優勝した。彼女らはユニフォームに「ＥＱＵＡＬ　ＰＡＹ」（平等な賃金を）というスローガンを書いた紙を貼り付けるなど、男性選手と比べての不平等をサッカー連盟に訴えてきた。ラピノー選手は二〇一六年、タイとの国際親善試合で、人種的・社会的差別の是正を訴え、国歌斉唱での起立を拒否してひざまずいた。彼女はW杯の優勝スピーチで「もっとたくさんの愛を持って、もっとヘイトを減らさないといけない。もっとたくさんのことを聴いて、もっと喋ることを減らさないといけない。一人一人、全員がこの世界をより良くするための責任を負っていることを知らないといけない」と述べている。至って真っ当な訴えである。こういった発言を重ねてきたラピノーに対し、福岡ソフトバンクホークスのデニス・サファテ選手が「アメリカをそんなにひどく憎んでいるなら、出て行け！　誰も止めたりしない」と述べ、読売ジャイアンツ（当時）のスコット・マシソン選手が「わかる。他のところがどうなのか見に行け」と加勢した（以上、本段落は、ウェブサイト「ゲキサカ」二〇一九年七月一二日の記事を引用・参照した）。これがスポーツ界である。女が叫ぶと、男が「叫ぶな！」と叫ぶ。なかなか男女の格差が縮まらない。で、日本のスポーツ界にのみ、「女子マネ」がいるのだ。

『〈女子マネ〉のエスノグラフィー　大学運動部における男同士の絆と性差別』（晃洋書房）を著した京都光華女子大学女性キャリア開発研究センター助教（取材時）の関《せき》めぐみにも話を聞いた。関は、とあるスポーツメーカーに勤務した経験の中で、ハラスメントが生み出される構図について考えたいと思い至り、会社を辞め、研究者への道に移行した。ハラスメントや性暴力の問題を考えた時、いわゆる「体育会系社会」の問題を考えずにはいられなかった。そして、研究を進める中で女子マネージャーという存在に可能性を覚えた。「異性愛男性中心社会」を問いなおし、組織内での対等な関係性を構築するために、彼女たちがヒントとなるのではないか。

関　その可能性を探るためにもこのような本を書いたんです。先行研究では、女子マネージャーたちも性差別の再生産に加担していると批判的に描かれていました。確かにそのような面もありますが、一方で、同様の活動をするために海外では専門的なコーチを設けている傾向なども見えてきました。私の研究においても、マネージャーが専門性を強化することと、大学等がガイドラインを定めるなど制度を整えることにより、対等な関係性が実現できるのではないかと結論づけました。でも、本当は、今の女子マネージャーが、アマチュアのまま、素人のまま、その組織にいられる環境というのが理想的だと思います。何かスキルがあるから尊敬される・尊重されるのではなくて、その人がそのままでいられる環境を作るべきだと思います。

あらかじめ、Kさんによる檄文を読んでもらっていたが、女子マネージャーという存在をまるごと疑問視していたKさんや私とは異なり、関は、とにかく今そこにいる女子マネージャーの環境を改善することが先決だとする。彼女たちの人権を守らなければいけない。確かにそれは、自分たちに抜け落ちていた視点だ。関は、研究調査のために、ある大学のアメフト部の夏合宿に参加し、女子マネージャーと部員、そして監督とのコミュニケーションを観察した。夏合宿はハラスメントの温床だ。自分の高校時代のバレー部の合宿を思い出すと、いまだに苛立ちが再燃する。大学生や社会人数年目のＯＢがやってきて、ちょっとしたことで部員に激昂《げきこう》し、自分たちはゲラゲラ笑い、夜な夜な酒を飲み、酒が残っているのか、翌朝から八つ当たりを繰り返すような状態だった。四泊だったか五泊だったか、一日が過ぎていくのを指折り数えた記憶がある。

関が調査した部では、毎年、伝統として四年生がバリカンで丸坊主にさせられる儀式があり、夜遅くにＯＢがバリカンを持って部屋を奇襲していた。最終日前日の五日目の夜にはバーベキューが行われ、その中には「ウィンナー祭り」なるイベントが設けられていた。これは「選手がマネージャーにウィンナーを食べさせる」というもので、「このウィンナーに込められた隠喩を露骨に嫌がると『考えすぎだ』といわれる可能性」などがあり、ついつい笑顔でこなしてしまう人が多かった。しかし、「この場において笑顔で過ごしていることは嫌がっていないことと同義ではない」はずだ。テレビの世界でも、キャリアの短い女性アナウンサーやアイドル、あるいは女性芸人が、ウィンナーやバナナなど、口を開けて棒状のものを食べさせられる場面をよく見かける。問題視すれば、そんなつもりじゃないっすよ、と反論してくるのだろうが、そんなつもりに決まっている。

関　そういう時に、その場面をしらけさせる実践をしなければいけません。「それ、やめて」と誰かが言う。もししらけたとしても、それは正しいしらけ方です。そういうのが広まってほしいと思う。喫緊の問題です。

関が、参与観察する中で驚いたのが、マネージャーがトレーナーとしての役割も果たしていること。ズボンを脱いでスパッツ一枚になった選手の太ももの付け根あたりにテーピングを巻いていた。専門家であれば当然の風景である。しかし、マネージャーという立場ではどうだろうか。

関　女子マネージャーという存在は性差別的だから変えなければいけない、解体しないといけないと、ずっと言われています。でも、結果として変わってないわけです。そんな中で、まず何をどう変えればいいのかと考えたとき、とりあえずその人たちがマネージャーをする場が安全であることを優先するべきだと思うんです。

夏になれば、部活というか、マネージャー絡みの美談が出てきます。私が調査していた頃には、体育会系専門の就職サイトの中に、女子マネージャーを対象とした求人がありました。マネジメント力を買われている、とはいうものの、それよりも「男社会でやっていける」が重視されているような気もします。事実、卒業したマネージャーに話を聞くと、「ああいった経験があったから、今、この男社会の中でもなんとか働いていけます」と答えるんです。企業は、男社会に慣れている人を採りたいのかもしれません。

グラウンドで踏ん張る男と、それを見守りながらサポートする女、その女が時折「母」の役割を担っているから良い人材だなんて、時代遅れも甚だしい。

関　女子のスポーツ選手は、何かと「美女ランキング」などと、実力以外の部分で評価されますね。今年（二〇一九年）開催される女子ハンドボール世界選手権大会では、「手クニシャン、そろってます。」「ハードプレイがお好きなあなたに。」といった垂れ幕が並び、批判を受け、撤去されることとなりました。トップレベルの選手のことを性的に見る、それを大会事務局が容認したことになる。ビーチバレーではかつて、パンツのサイド幅が七センチ以下に決められていた。視聴率のためにユニフォームが利用されることがあります。そんなことばかりが続きます。

なぜ生まれ続けるのか

その競技の成功者たちが作り上げるマッチョな競技団体が、マッチョなメディアと連帯する。マネージャーでもプレイヤーでも、ルックスを見て、プライベートを探る。何度だって繰り返すが、練習後に無理やり走らされて亡くなったマネージャーが、一年後に美談に変換されているのである。

二〇一九年一〇月、放送局などで働いている女性で組織されている「民放労連女性協議会」が発表した、在京テレビ各局で働く女性の割合に関する調査結果では、社員の女性比率は約二三％、役員は約五％、局長は約八％で、報道や制作、情報制作の部門に限ると、最高責任者は見事にゼロ％。テレビに限らず、大きなメディアは男が作っている。作っているというか、決めている。

女性が活躍するのに、男性社会の中でそれなりにもてはやされてから、という回り道を唯一の道にし続けてきたのは、当然、男性社会の構成員である。女子マネージャーという存在は、先に述べたように長い歴史を持つものではない。戦後日本が元気を取り戻し、男性が競争社会に晒されていく過程で生まれた役割である。働く女性の寿退社が当たり前だった時代、女性は男性の補助的業務をいかにスムーズにこなすかが求められた。古いドラマを見ていれば、大抵、「〇〇ちゃん、お茶！」とお茶汲みを要求する上司が出てくる。長い時間をかけて、そんなことくらい自分でやれ、あっちに自販機あるぞ、と漂わすことのできる社会に変わりつつあるが、根本的に改善する動きはなかなか見つからない。

女子マネージャーについて議論すると、その存在ってどうなのよと、「否」が多めに賛否が飛び交う。あえて今使うべきではない言い方をすると、「スチュワーデス」や「看護婦」なんてのも同じ言われ方をすることが多い。補助的業務で男性社会にかしずいているだけでいいのだろうかと疑問を持たれ続ける。しかし、関が指摘するように、今、とにかくその場でその立場にいる人の安全を考えることが第一。その上で、屈強な構造＝体育会系社会をひっくり返す方法を探さなければいけない。女子マネージャーという、そこにいる存在だけを問うのではなく、なぜそういった存在が生まれてくるのかを考えなければいけない。

体育会系、と一括りにされるアレって、一体どういった構造をしているものなのだろう。そもそも構造なんてなく、空気とか靄《もや》とか、その手の類いのものなのだろうか。次章、この女子マネージャーについての議論を踏まえ、現在の日本社会で体育会系社会なるものがなぜ崩壊しそうにないのか、考えを進めていきたい。

九章

体育会という抑圧

やむを得ない犠牲

本人にその気はないはずだが、お笑い芸人「あばれる君」による「野球部の監督」と題したネタは、「体育会」（この章では「運動部」という意味で使用する）を考える上で極めて批判的である。

試合前、野球部の選手を慣れた様子で自分のもとに集める監督。「チームのみんな、準備はいいか。いよいよお前たちにとって、夏の最後の大会が始まります」と話し始めるものの、なんだか顔は強張り、目は泳いでいる。選手たちはこの大会のため、ギリギリまで海外合宿に臨み、試合当日、日本に帰ってきた。「この先、なにがあっても動じない自信がお前たちにはあるか？」と選手たちに問いかけた後、監督がズバリ言い切る。「試合の日、今日じゃなくて、昨日でした」。海外との時差をまったく考えていなかった監督から、大会本部に対戦相手の不戦勝の取り消しを願い出たものの、受け付けてもらえなかったとの報告を受ける。

動揺した選手から「〝あきらめるな〟が口癖だったではないですか！」などと問われると、監督は何も答えず苦笑いでやりすごし、明日、キャンプ場でバーベキューをしよう、そこで開かれる大食い部門に、これまでの三年間の思いをぶつけてほしい、その代わり、お父さんお母さんにはこのことは言わないでほしい、先生のキャリアに計り知れない傷がつくから、と保身にひた走る。もし言いたくなった時には、合宿で鍛えたあの精神力を生かそう、そう、「One for all, All for one」だ……自分の説明に納得しない選手をいかにも慣れた手つきで殴ろうとした監督だが、逆に殴り返されてしまう。うずくまりながら「それでいい」とつぶやく、というネタだ。

このネタは、いわゆる体育会に根付く権力構造を軽やかに茶化している。どんな状況にあっても監督が偉い、という前提を保持しようとすればするほど滑稽さが増していく。自分がしでかした不手際から逃げるために、力強いスローガンを使うと、いよいよ選手の怒りが沸点に達する。それでも監督は最後に、このまま真っ白いユニフォームで家に帰ると親に怪しまれるので、各自、公園でスライディングしてから帰るように、と要請する。選手の心情より、自分の立場を守るための隠蔽工作を優先しようとする。

体育会に所属すると、徹底的に「理不尽」を浴びる。浴びない選択肢はない。浴びて浴びて浴びて、自分を麻痺させる。麻痺させた自分が上級生になったころ、目の前にいる下級生に浴びせて浴びせて浴びせる先輩になる。この連鎖が続く。自分の学生時代を振り返ると、中高とも部活では競技者としては芽が出なかったものの、むしろ、途中からは「芽を出してたまるか」と言わんばかりの投げやりの姿勢で自分を鼓舞していたこともあり、体育会の精神性を体の中に備蓄しない現在に至ることができた。中学サッカー部では三年間、ひたすらゴールキーパーの控えに甘んじたが、シュート練習では、あきらかに枠から外れるシュートでも、横っ飛びで反応することが求められた。「どう考えても外れてるじゃないっすか」とボソボソ漏らすと、先輩から「あ？　だから、うまくなんねーんだよ！」と怒鳴られた。うまくなってたまるか、と思った。「あばれる君」扮する野球監督がここぞという時に使った「One for all, All for one」は、体育会の理不尽の基本形態である。あれは、一致団結の意味というよりも、個人の犠牲を肯定するために用いられることを知っている。

初のベスト8進出に日本中が沸いた二〇一九年ラグビーW杯日本代表だが、本書の担当編集者Kさんは、男たちのぶつかり合いにさほど心を動かされることはなかったようで、むしろ彼らが「犠牲」という言葉を繰り返し使っていることが気になったのだという。

「この時のために全てを犠牲にしてきた」（福岡《ふくおか》堅樹《けんき》選手）

「ベスト8に行ったこと、すごくうれしいです。そのためにいろんな人が犠牲して、選手も犠牲して、その裏に家族、たくさん犠牲を払ってきました」（リーチ・マイケル選手）

こういった言葉が口々に叫ばれていたが、その上で「ＯＮＥ　ＴＥＡＭ」が流行語となった。当人たちは、与えられたポジションで最大限の力を発揮することや、様々なルーツを持つ選手が集まってひとつの代表チームを編成していることに対してこの言葉を使っていたはずだが、たちまち、組織の上長が部下たちを即物的にまとめ上げる時などに連呼される決まり文句になってしまった。あちこちの忘年会で使われている様子をワイドショーが紹介していたし、ヤフーを傘下に持つＺホールディングス（ＺＨＤ）とＬＩＮＥが経営統合を明らかにした二〇一九年一一月一八日の記者会見でも「大活躍したラグビー日本代表に乗っかって、われわれも最強のＯＮＥ　ＴＥＡＭを目指す」（ＺＨＤ・川邊健太郎《かわべけんたろう》社長）なんて声が聞こえた。こうして、ざっくりとした精神力として派生していった。

　ラグビーが持つ「犠牲」の精神を、分析するどころか、こうやって悪化させるように伝える人もいる。かつて、ラグビーの高校日本代表候補だった橋下徹《はしもととおる》だ。

> 鼻血は出るわ、脳震盪《のうしんとう》になるわ、青アザができるわ。そんなスポーツだから危ないと、親御さんたちもあまり勧めないと思う。でも自分の身体を犠牲にし、〝助けにくるな！〟とギリギリまで相手チームの選手を引きつけて、そして味方にパスをする。一歩間違えたら大怪我をする、それも覚悟の上。

これはもう戦国時代そのもの！　矢を食らってボロボロになっても、味方の道が開けるなら、と死んでいく。これを90分間ずっとやっている姿。これは痺れるね！

（AbemaTV『NewsBAR橋下』・二〇一九年一〇月三日）

そういうことではない。乱暴に言えば、こんなんだから体育会って嫌なのだ。たとえ話の延長とはいえ、「死」なんて言葉を用い、鼻血も脳震盪も青アザも時には致し方なし、との見解。脳震盪は、深刻な後遺症が生じる恐れもある。以前、バラエティ番組『アメトーーク！』（テレビ朝日系）の「ラグビー芸人」の回で、「あるあるネタ」の一つとして脳震盪が例示されていたが、こうやって「戦国時代化」と「バラエティ化」が同居すると、本来とは異なる形で「ＯＮＥ　ＴＥＡＭ」が爆走する。体育会において、犠牲はやむを得ないらしい。でも、犠牲って、やむを得ないものなのだろうか。

「スポーツギャル」は幸せか

前章は「女子マネージャー」をテーマにしたが、案の定、そのテーマの先には「体育会」なるものが微動だにせずにそそり立っていた。今回も編集者Kさんからの檄文が届く。前回の檄文を反復していているようでいて、怒りの成分が増していているというか、強化されている。

前回、取材準備のために女子マネージャーについて調べているとき、資料本を調べようとAmazonの検索バーに「女子マネージャー」と打ち込んで、（予感はしていたものの）結果を見て愕然としました。スクロールしても、しても、エロコンテンツばかり。また、取材に応じてくださった関めぐみ先生のお話のなかで、「ビーチバレーではかつて、パンツのサイド幅が七センチ以下に決められていた。視聴率のためにユニフォームが利用されることがあります」ということを伺ったので、どのようなものか実際の試合の様子を見て確認しようと「ビーチバレー　女子」とYouTubeで検索したのですが、ビーチバレーや陸上競技に取り組む女性選手の姿を捉えた映像群が、「おかず」という再生リストでまとめられていたことにも、怒りが湧きました。スポーツの世界は平等かつ公正、という幻想がいよいよ打ち砕かれた瞬間でした。自身の真面目な取り組みを、性的コンテンツとして扱われることの悔しさたるや……当事者の気持ちを思うと、胸が張り裂けそうです。

マネージャーや体育会系部活動について考えていると、女性が安全な環境でスポーツに関われるような体制を整えることの重要性を痛感すると同時に、部活の指導者や上級生がいかにきめ細かに選手の個人差に目を配れるか、上に立つ人間の影響力の甚大さを思い知ります。「つらい、しんどい、やめたい」、こういった小さな声を抹殺する空気が、体育会系部活動には蔓延しているように思い、危機感を覚えました。

甲子園に何としても行かなければならない圧、合宿での「ウィンナー祭り」のような下ネタに同調しなければならない圧、先輩から引き継いだ〝しきたり〟を守らねばならない圧。これらは、たとえば企業において、よりよい業績をおさめ、飲み会でのくだらない笑に同調し、「例年こうやってきたから」と習慣の押しつけに流される、そんな社会人生活のための、抑圧に耐える訓練のように思えてきます。

男性が抑圧されれば、その補助的な役割を担わされる女性たちは、さらに抑圧され、そのはけ口にされてしまうことだってある。体育会系社会の「抑圧」の構造と、指導者とその指導に従う者の関係について、もっと知らなければならないと切実に感じています。前回も申し上げましたが、社会におけるマチズモの原体験が、そこに存在しているように思えてなりません。

女子マネージャーでも、ナースでも、秘書でも、受付でも、いわゆる補助的とされる職業・立場を検索すると、たちまち大量のエロコンテンツに到達してしまう。「言うことを聞く」存在に位置付けられる職業を見つけると、男性の自己都合的な目線が、エロとしての消費を試みる。女子マネージャーはもとより、女性選手も、男性選手より常にマイナーであり、彼女らに向けられる目線は、残念ながら「抑圧」から脱するものではない。

毎年のように重要な大会を日本で開いているような気がするバレーボールは、日本では女子のほうが国際的にランキングが高い競技だが（二〇二〇年一月時点で男子は一〇位、女子は七位）、いざ大会が始まれば、女性選手は「〝ママ〟は最強ブロッカー」などといったキャッチコピーで紹介され、試合の放送の前後で流される密着映像では、コートを一歩離れれば普通の女の子で、似合うファッションがないことが悩み、といった小話に終始する。男性選手にそういう展開はない。トップアスリートでも、「女性が安全な環境でスポーツに関われるような体制」が整っているとは言えないのではないか。

読売新聞運動部『女性アスリートは何を乗り越えてきたのか』（中公新書ラクレ）に、サッカー女子日本代表の監督を務めた佐々木則夫《ささきのりお》とバレーボール女子日本代表の監督を務めた眞鍋政義《まなべまさよし》へのインタビューが掲載されており、眞鍋が女性チームを率いる上で感じた苦労の一つとして、時に実力ではなく容姿で優劣をつけようとする慣習をあげている。

苦労はありました。某テレビ局は視聴率を上げるために、容姿で来るんですよ（笑）。竹《たけ》下《した》（佳江《よしえ》・引用者注）とか木村《きむら》（沙織《さおり》＝エーススパイカー）とかをメーンとするならいいんですけど、あまり試合に出ない選手をポスターの真ん中にしたり。それはやめてくれと。それをするとチームが変になるから。

テレビ局は視聴率ばかりを気にするが、その結果として、容姿が優先されていく。男性スポーツではここまで単純なことは起きにくい。イケメン選手が話題になることはあっても、イケメンを理由に公式ポスターでの扱いが定まることはない。スポーツとは基本的に男子のものであり、その次に女子を位置付けるから、スポーツと女性性がぶつかったとき、性に依拠した基準で判断されることになるのだろうか。

佐々木や眞鍋のように、監督として突出した結果を残した二人であっても、個々の選手ではなく、「女性」という括りで評価し、動かそうとしてきた事実に驚く。「女性はおしゃべりと言われるが」「女性は依存性が強い」「女性は非常に細かい」（佐々木）、「女性はねたみや嫉妬があると言われている」（眞鍋）と、なんだか一時代前の、会社に居座る堅物の男性管理職のようなことを彼らも言っている。サッカーもバレーも、データ収集と分析能力が勝利に直結するスポーツだが、指導者は、「女性」という性を一括りにして、分析を放棄したまま、かなり古臭い形で保存していた。

スキージャンプの高梨沙羅《たかなしさら》選手が、ある時期から記者会見などに丁寧なメイクで登場するようになると、スポーツ選手はストイックでなければならないと決めつける精神論者からのバッシングにさらされた。ネットでの否定的なコメントは今に続いている。一体、何様なのだろう。スポーツ選手らのメイクや身だしなみ講座を開いているアスリートビューティーアドバイザーの花田真寿美《はなだますみ》は、実業団などを営業でまわると、「(化粧するのは)集中していないことになる」「負けたときに何を言われるか分からない」と拒まれることがあったという(東京新聞・二〇二〇年一月一四日)。拒んだのは選手個人ではなく、企業である。女性がメイクをしてくるのは身だしなみと言い張ってきたのは企業なのに、アスリートにはメイクを認めない。世間様も、メイクをするアスリートを許容しない。なんだかもう、よくわからない。なぜ、個々人のメイクまで管理したがるのだろう。ここには、Kさんが言う「エロコンテンツ」=男性が掌握できる存在としてのアスリート像がある。スポーツ選手であろうが、女としての主体性を持つな、という願望。消費される側でいてくれ、と願っている。広島東洋カープの鈴木誠也《すずきせいや》外野手と新体操の元日本代表でスポーツキャスターの畠山愛理《はたけやまあいり》が結婚すると、「熱愛報道から4カ月、侍4番金メダル前にキラキラ輝く嫁ゲット」(SANSPO.COM・二〇一九年一二月八日)なる見出しが躍った。化粧するだけで「おしゃれにうつつを抜かすな」(前出・東京新聞)と言われる世界は、「嫁ゲット」する男性中心の世界なのか。

編集者Kさんからこの連載の相談を受けた当初、「こんなひどい本があるんですよ」と手渡された本があった。一九八二年に刊行された岸本健《きしもとけん》『女子選手　スポーツ激撮術　跳べ、走れ、舞え！』（ベストセラーズ）である。タイトルから内容を想像してもらえるだろうが、表紙カバーは、体操選手が足を大きく広げたところを「激撮」したもの。女性アスリートを「スポーツギャル」と称し、「その選手のもっとも女らしく美しい瞬間」を撮るのだという。「スポーツに色気をもとめることが一種のタブーだった時代が長くつづいたような気がする。そんな時代から考えると、ほんとうにキミたちは幸せだ」。キミたちとは誰か。「スポーツギャル」をいくらでも撮ることのできるボクのようなカメラマンのことだ。

以下に、本書にあった記載を並べてみるが、言葉を選ばなければ、彼の撮影術は変態的である。四〇年近く前の本だが、今の女子スポーツへの意識がこの変態的から遠く離れたところに到達できているかといえば、そんなこともないだろう。

「最近のうすい水着には、やはりドギマギしてしまう、というのが本音ではある。（中略）濡れて、さらに透明度を増した生地をとおして、乳首がはっきりと写り込んでいる場合が往々にしてあるものなのだ」

「下半身を狙う盗み撮りにもエチケットがある」

「新兵器をレンズに装着してやる。偏光フィルターだ。（中略）こうすれば、レンズをとおして、シンクロ選手の下半身までバッチリ撮影できるわけ」
「理想的には、グラウンドに降り、ローアングルからハードルは狙いたい。まるで自分の上を跳び越えていくかのようなアングルが撮れれば最高なのだが……」

激撮術というか、これってほとんど、盗撮術である。美しさを最大限引き出すためにどうすればいいか、機材の説明やポジショニング、動体を捉えるテクニックをあれこれ語るものの、結局は動機の中心にある「エロ」を、「セクシー」や「美」に変換する手続きを経ただけの盗撮術なのだ。この慣習がさほど改まっていないのは、Kさんの檄文にあるように、「ビーチバレーではかつて、パンツのサイド幅が七センチ以下に決められていた」事実や、女性選手の様子が『『おかず』という再生リスト」でまとめられていた事実からもわかる。

日本女子プロ野球機構は二〇〇九年に発足した新しい組織だが、そのシーズン三年目にアイドルグループ「GPB45」を結成させられ（当然、結成し、ではないので、こういう表現にしておく）、二〇一八年と一九年には「美女9総選挙」なるものを実施させられている。一九年の九月に江戸川区球場で開催された「女子プロ野球学園 EDOGAWA CAMPUS」では、試合終了後に、選手が女子高生の制服姿で登場する写真撮影会を開催している。その後、選手の大量離脱が問題視された。「激撮術」の視線はいまだに変わらないのである。

就職するなら体育会系

自分の仕事部屋は小学校の校庭に面しており、休日になると少年野球チームが練習に励んでいる。準備体操、ランニングが終わると、いつの間にか、グラウンドに厳しい声が飛び交うようになる。いつだって眠気に襲われているこちらは、その怒声を浴びながら仕事にとりかかるのだが、今のは聞き捨てならねぇな、と思わずグラウンドを眺めてしまう瞬間が何度もある。かたわらではお母さんたちが我が子のプレイを見守っている（そういえば、見守るお父さんというのはほとんどいない）。自分が高校時代に所属したバレー部では、「物理的にとれない場所にボールを投げ、体を突っ込ませる」という理不尽な練習があったが、野球の練習でも、明らかにとれないところにノックを打ったのに、そちらの方向にダイビングさせるという行為が繰り返されている。

その練習中に聞こえてくるのは、「あきらめんじゃねーよ！」「男だろ！」「てめーの気持ちが伝わんねーよ！」「やる気ないなら帰れ！」などである。思わず荷物をまとめて仕事場から自宅に帰りそうになるが、少年たちはその言葉に刃向かうことなく、お母さんたちも心配そうな顔をすることなく、その怒声に付き合っている。男だから何だってんだ。この原稿に取り組んでいる際、偶然にも、担当していたラジオ番組（ＴＢＳラジオ『ＡＣＴＩＯＮ』）で元千葉ロッテマリーンズ・里崎智也《さとざきともや》と対話する機会があったので、話の流れとしてはいささか唐突かもと思いながらも、いかにも体育会的な、ああいう理不尽とも思えるノックってどうなんでしょう、と問うと、里崎から返ってきた答えは、「ノックをする人の目を見て、打球の方向を先読みすれば、とれるようになる」という内容であった。

いや、そういう話ではないのだけれど……と思いつつも、番組の進行上、そのまま流す。放送後、突っ込みが足りなかったと後悔する。スポーツの世界は常に、成功者の論理を基準に動いていく。自分が耐え抜いた厳しい練習をもとに、目の前で起きている光景を評価する。いや、でも、自分はできたから。いや、でも、自分は弱音を吐かなかったから。いや、でも、悩んだ自分を打破することができたから。こうやって強者の論理がまかり通ってきた。確かに厳しかったけど、やり遂げることができたあの経験は今に生かされている、という論理が強化され続ける。その世界で女子は弾《はじ》かれやすい。弾かれてたまるかという女子は、男子が作ってきた規律の順守を求められる。明らかに飛躍した論理が、「体育会」という闇雲に信じられてきた空間で支えられ、横行する。

早稲田大学競走部で監督を務めた礒繁雄《いそしげお》による『体育会力』（主婦の友インフォス情報社）という本など、典型的な体育会に対する考え方を拾うのに便利だ。「僕の学生時代（著者は一九六〇年生まれ・引用者注）には、今よりも、もっと社会が荒っぽく適当で、強かった。会社では上司が強く、家ではお父さんの力が強かった。さらに、体育会は監督の言動にはそむけない組織」だった、それなのに、「今の学生たちは、生活の中にそういう『強い』『弱い』を感じる機会が少ない。男からすると、怖いのは母ちゃんだったり、彼女だったりします」。

ああ、なんて乱暴な論理。そういう中にあって、体育会は「今なお『縦』ならではの良い関係が機能している」とする。彼が選手だった昭和の時代は、「根性論」によってトレーニングも「泥臭い」ものだったが、「今は日本の社会全体が平等性を求める時代になり、泥臭いやり方はスマートでない、前時代的だといわれ」るようになった、「でもじつは、スポーツはそんな時代にあっても、『泥臭い』世界だと思うのです」とのこと。世の中は平等性を求めるが、体育会は根性論が機能している。そんな論理を持ち出し、礒は「この安定の時代に、スポーツをする意義がある」としている。たとえ大ケガをしても、それを乗り越えれば「あのケガがプラスになったのだ」と捉えるのが体育会なのだとか。大ケガをしないようにするためにはどうしたらいいのかと考え込むのが非体育会ならば、私はそちらに向かって泥臭くダッシュをする。

体育会を全肯定する書物を開くと、そこでは必ず体育会出身者は就職に有利だという記載が出てくる。百瀬恵夫《ももせしげお》／篠原勲《しのはらいさお》／葛西和恵《かさいかずえ》『体育会系はナゼ就職に強い？　努力と挑戦を重ねたタフな精神力』（第三企画出版）にある比較は、もはや破茶滅茶である。「体育会系学生は勉強をしないばかりか、成績が悪いことでは、一般学生の上を行くのが通り相場」だが、体育会系学生の方が就職しやすい、それはなぜか。「簡単に言ってしまえば偏差値教育で頭でっかちになり、成績が良くても機転が利かないうえ、コミュニケーション能力に欠けるといった『草食系』学生など、企業からすれば相手にしたくないというのが本音」だから。すさまじい単純化。頭でっかちで機転が利かない分析。体育会系学生の場合は「過去に流した涙と汗、そして数多くの痛みや試練に耐え、自分を一歩一歩前進させてきた努力が、タフでめげない人間」を作る。なので、「青白いひ弱な優等生とは違い、体育会系出身学生には、前向きで積極的、チャレンジ精神を持った逞《たくま》しい人間が多く揃っています」とのこと。

深いため息とともに、もう一回言いたくなる。ああ、なんて乱暴な論理。しかし、採用する側が本当にその程度の意識で判断し続けているのであれば、痛みを乗り越えることが、本当に社会を生き抜く上で大切とされてしまう。集団のためなら個人の痛みなど自分から申し出ることはしない、なんてのも、社会を生きるための好条件、ということになるのだろうか。

叱られる。痛めつけられる。不自由な環境に置かれて、それを乗り越える。そういう環境が維持されているのは、先生やコーチや上級生が築いてきた慣例にすぎない。人として、乗り越えるのなら、もっと高尚なものを乗り越えたいと思うのだが、それはやっぱり「青白いひ弱な優等生」の考え方なのだろうか。

元バレーボール選手の益子直美《ますこなおみ》は引退後、自身の名を掲げた小学生のバレーボール大会を開いており、そこでは「監督は絶対に怒らない」ルールを設けた。これには益子自身の経験が影響しており、彼女は学生時代、「ただ監督に怒られたくなくて、怒られないようにすることだけ考えてバレーをしていた」（ウェブサイト「サカイク」インタビュー・二〇一九年一〇月二四日）という。ミスをすれば怒られるからチャレンジをしなくなる。実業団に入り、監督から、バレーを楽しむように、と言われたものの、楽しむとはどういうことかがちっともわからなかった。益子はそれを子どもたちに繰り返させたくなかった。指導者が壁になるのではなく、競技者に自由を与える。自分で課題を見つけて、自分で乗り越えてもらう。指導者が競技者を所有する、占有する、そういった考え・仕組みを取っ払う。これによって指導者も競技者も、その都度新たに考えるようになる。極めてシンプルだが、ここから歩き出せる人たちがまだまだ少ない。

人間的に大成するのか

「指導死」という言葉がある。クラスメートからもらったソフトキャンディをほおばると、後になって、生活指導主任が甘い匂いに気づき、怒声をあげながら犯人探しに励んだ。結果、一時間半に及ぶ叱責を受けた生徒が翌日に自ら命を絶った。生徒の親である大貫隆志《おおぬきたかし》（『指導死』親の会」代表）がこの言葉を作った。校則に違反したのは生徒のほうなのだから、生徒が悪いのではないか、との声が上がるなか、先生の行き過ぎた指導が死を招くことがあるのではないかと考え、「指導死」という言葉を提唱した。教師はどこまで生徒を「指導」していいものなのか。

自分が中学生の時、体育の授業でソフトボールをやっていたところ、先生が「はい、終了！」と叫んでいるにもかかわらず、何人かでホームベースに滑り込んではしゃいでいた。先生は激怒し、自分を含む数名を横一列に並べ、ハンドベルを鳴らすような要領で、金属バットで小突いた。クラスの皆は大爆笑したし、自分はその大爆笑に満足していたが、自分につられてスライディングした同級生は小刻みに震えていた。金属バットで小突かれるというのは受け手によって捉え方が異なる。悪いことをしたからといって、そこへ向かう暴力が放置されていいわけではない。先に紹介したように、「体育会」に根づいていた慣習を法規としてきた人たちの頭の中には、そういう配慮が感じられない。「逞しい」人間と「青白い」人間に分けて、逞しさばかりを愛でる。

先の「指導死」の事案についても触れられている、南部《なんぶ》さおり『反体罰宣言　日本体育大学が超本気で取り組んだ命の授業』（春陽堂書店）を読み、学校生活の中でいかに死亡事故が相次いできたか、その具体例をいくつも知った。南部が、部活動の外部指導員を対象とした研修会で安全な指導について述べていると、明らかに態度の悪い受講者が複数名おり、回収されたアンケートには「信頼関係があれば、それは体罰ではない。お前はこの『信頼関係』に泥を塗る気か」などの罵詈雑言が数多く含まれていた。名古屋大学・内田《うち》良《だりよう》准教授の調査により、学校管理下の柔道で一九八三年から二〇一〇年までの二七年間で少なくとも一一〇人の命が奪われている事実が明らかになったが、その多くが「信頼関係」を盾に、児童・生徒の異常を軽視し、彼らが異常を申し出ているのに、その力量を過信し、無理のある稽古を強制していた。南部は日体大という場で、我が子を学校・部活動で失った被害者家族に語ってもらう研修会を開いている。体育会系人材の量産地と思しき場所でそういった取り組みに励んでいるのが興味深い。日体大へ出向き、南部に話を聞いた。

これだけの重大事故が発生してしまっているのに、安全な指導について伝える声を無視し、「信頼関係」を優先させる指導者がいまだに存在しているのはなぜなのか。

南部　どういうわけか、自分だけは大丈夫だと思っているんです。いや、事故が起きたとしても、これは偶発的なことで、自分はむしろ迷惑を被っている、という理解になる。そういった教員の周りには必ず支持する人間がおり、その人たちによって、先生は悪くない、あいつが悪かった、という話にまとめられてしまう。日本の部活動の特殊性とその指導者に関する問題点は、学生時代や選手時代に競技成績がよかった人間がそのまま指導者になることが多い、という点にあります。海外では、いい選手が必ずしもいい指導者になるとは限らないという考えのもと、十分に指導者としての教育を受けた上で、指導者としての適性が見られます。日本はそのプロセスをすっ飛ばす。依頼する側も、トップアスリートになったやり方を教えてやってくださいと、場を提供しちゃうんです。

自分はこうだったんだから、お前たちもこうであれ。とはいえ、その指導がうまくいかなければ、自分の理不尽さに気づけるかもしれないが、彼らは往々にして結果を出すのだという。

南部　恫喝《どうかつ》されたり、暴力をふるわれたりすると、無理に力を出さざるを得ない。その結果、強いチームに「作り上げられて」しまいます。よって、見直さなければならない、というほどの動機づけが与えられないまま、そのままになる。日本社会って、こうやって縦社会であることを好んでいるんです。

体育会に入る生徒は好きでそれを選んでいる、とは限らない。学校や家庭から、お前は勉強が得意ではないんだから、スポーツをやるしかない、そういった誘導を受けることもある。それしか選択肢がないと決めつけられるのだ。

南部　恐らく誘導によるものであっても、最近は自己責任が強調されているので、すぐに、結局勉強しなかったお前が悪いとか、そういう論法になってしまう。本人がその論法の欺《ぎ》瞞《まん》性を知ることがないまま、目の前に与えられたことを一生懸命こなしていくと、もうその道しか残っていなかったということが往々にしてあるんです。

成功者は成功者としての経験を目の前の選手に伝達し、継承させようとする。学校内でのスポーツ事故でこれだけ死者が相次いでも、まさか自分たちのところで起きるとは思わないのは、成功者の視線が、成功者にしか向かわないからなのだろうか。

南部　スポーツ事故で亡くなっているのって、その多くがトップの子じゃなくて、そこまで達していない弱い子たちなんです。事実、柔道で亡くなっている子たちはほとんど初心者です。必要な受け身の技術などを教えないままに、できるだけ早く試合形式の練習をさせて、柔道の面白さをわからせようとする。最近、指導者がよく言うんです。早くゲームをさせてあげたい、と。私たちが子どもの頃とちがって、今は子どもが少ないので、辞めてもらっちゃ困るんです。だから、ゲーム形式や試合形式で楽しませようとする。

大切に育てるのではなく、大して実力が伴わない段階から実践的な練習に移行する。なんとかなるだろう、という体育会メンタリティがそれを支える。柔道事故の死亡事例を見ていると、当事者の不調を指導者が軽視し、気合ややる気が足りないだけ、という判断で放置したことによって最悪の事態に至ったケースが目立つ。

南部　スポーツで子どもが亡くなっている、というのは日本の部活動が生み出している極めて稀な現象です。どんな状況であってもボールを追いかけるのをあきらめない精神のような、非効率で非合理的なものをずっと踏襲し続けている。「信頼関係」といった言葉を用いながら、だからこそこういう場では暴力も許される、という論理に転化していく。

信頼って、等しいベクトルで結ばれている必要がありますよね。指導者が選手を信頼して、選手が指導者を信頼する。その一方だけが太かったら、もうこれは、信頼関係ではありません。スポーツ指導者を買って出るような人というのは、熱い心を持っている人が多い。そういう人って自分の理想とする指導者モデルが自分以外のところにある。それへの憧れがあるから、自分も生徒との間で同じことを実現したいと思ってしまう。スポーツというものにがむしゃらに打ち込んでいくうちに人間的に大成するみたいな、そういう幻想を押しつけたいのかもしれない。

それ、幻想だと思う。でもなかなか、幻想ですよね、と言えない。なぜなら、そこには、何が何でも信じ抜く指導者と結果を出している選手がいるからだ。

南部 部活動って、軍隊的、兵隊養成的な側面がすごく強い。全国大会に出るようなチームって、とてもピシッとしているんです。試合会場に入ってくる瞬間からして、もうオーラが違う。あれを見て、多くの日本人は、ああ非常に爽やかで模範的、こういう生徒こそが生徒らしい生徒だと思うんです。そこから脱却していかなければいけない。

悪しきケースを摘み取る

スポーツは「みんなで」「全員で」という言葉を好む。その言葉を膨らませるのは、「みんな」から抜きん出た経験のある成功者・実力者である。自分たちのメッセージに体を合わせてこいとせがむ。二〇二〇年東京オリンピックに向けて、日本オリンピック委員会（ＪＯＣ）が組んだキャンペーン、「がんばれ！ニッポン！全員団結プロジェクト」のメッセージは、どうしてここまで陳腐なものになったのかとうなだれるレベルのものだった（改行は引用者が調整）。

団結。それは人々が力を合わせ、強く結びつくこと。みんなが待ち望んだ、東京2020オリンピック。じっとしていても、何もはじまらない。勇気を出して、オリンピックに参加しよう。そうすればきっと、あなたの中で何かが変わる。みんなで手をつなげばきっと、ものすごい力が生まれる。心をひとつに、全員団結！　さあ、いくぞ。がんばれ！ニッポン！

スポーツはすぐにこういう大きな言葉をふっかける。オリンピックは日頃の勝者が集い、そこからさらに勝者を生む祭典だ。そもそもオリンピックは国同士の争いではなく、選手同士の争いなのに、劇的な勝利をあげた金メダリストにいつの間にか国を背負わせている。スポーツ界のかつての成功者は、指導者になり、たくさんの生徒を教え、上澄み（＝成功した選手）だけを自分の功績とする。繰り返し生まれるその功績だけを愛でる。それが体育会系社会の成果として効力を持つ。男性中心の中で女性が軽視され、強者中心の中で弱者が見放される。あまりシンプルな構図で語るのはよろしくないと思いつつ、体育会がなかなか解体されないのは、成功体験を単純に語り、同じことを後続に強いる人たちがたくさんいるからである。そこには、どこよりも凝固したマチズモが存在している。

どうすれば見直すことができるのだろう。削ることができるのだろう。いわゆる「プチプチ」と呼ばれる気泡緩衝材があるが、あれって、ひとつひとつの空気を抜くと、すっかり役目を果たさなくなる。体育会の精神論なんてのも空気のようなもので、その空気は閉じ込められると確かに強力なものではあるけれど、ひとつひとつ針で刺して潰していけば、効力は弱まる。それってどうなの、と刺していくしかない。維持する力はなかなか屈強である。いろんなケースを吟味し、悪しきケースを摘み取るしかない。体育会から発動される無理強いを減らしたい。

一〇章

寿司は男のもの？

「女・子どもが来る場所ではない」

いつものように編集者Kさんと「で、次回のテーマは何にしましょう?」と話し合っていると、どちらからともなく、「家で料理を作っているのは女性が多いのに、どうして料理人には男性が多いのだろう」という話になった。いや、実際の会話をもうちょっと正確(=乱暴)に書き起こそう。

「女性の料理研究家が時短レシピや旬の食材を楽しげに紹介していることが多いのに対して、まぁ、普段はあんまテレビとか出たくないんだけど、渋々呼ばれましたって感じで能書きを垂れている料理人ってのは、なんで男性ばかりなんだろう」という話になった。

『噂の!東京マガジン』(TBS系/二〇二一年四月からBS-TBS)に「やって!TRY」という長寿企画がある。ショッピングモールなどの片隅に仮設キッチンを作り、若い女性を中心に料理を作らせ、豪快に失敗するところを見て、ナレーションで茶化す企画だ。たとえば「煮込みハンバーグ」を作る回では、二一歳の保育士が、パン粉や卵を使わずに肉をまるめたものをフライパンで焼き始め、その様子を「それじゃただの肉団子だよ」などと茶化している。続いて、英語の専門学校に行く資金を貯めるために働いている女性を捕まえる。料理に入る前、卵を差し出したスタッフが、これは英語でなんというかを問い、「エッグ。当たり前すぎて……」と女性を呆れさせたところで、ブロッコリーを出すと、女性が「カリフラワー」と答える。ナレーションはニヤけた声で「その間違いは想定外だわ」と突っ込む。結局、彼女は見事にハンバーグを作り上げるのだが、その途中で、アメリカには別の名前があるよね、と問いかけ、「ＵＳＡ」「なんの略？」「ユニバーサル・スタジオ・アメリカ」との答えにずっこける。つまり、料理ができても、できなくても、放送されるのは、茶化すことのできる女性なのだ。

スタジオに並ぶのは、一人の女性司会者を除けば中高年男性ばかり。ＶＴＲが終わった後で、その料理のスペシャリストが登場する。この料理人が漏れなく男性なのだ。正直、三〇年間も卵焼きを作っていれば美味しい卵焼きが作れるに決まっている。その料理人に、乳飲み子を差し出して、「さぁ、料理道具を置いて、粉ミルクを作って、オムツを替えて。よーいドン！」とやれば料理人はおそらく動揺するだろう。同じことだ。そもそも、女性だからという理由だけで、料理ができる必要なんてない。料理人は料理ができなければならない。それが仕事だからだ。とてもシンプルな話だ。だが、スタジオに中高年男性が並んでいることもあり、料理のできない女性の異様さがひたすら強調される。でも、そうやって来る日も来る日も「異様」を作り上げる様子こそ、異様なのではないか。

どこが発祥なのか知らないが、「女・子どもが来る場所ではない」との言い方がある。一方、

「男・子どもが来る場所ではない」という言い方は聞いたことがない。つまり、男と女と子どもがいて、男だけが行ける場所が存在する。どうしてなのだろう。北大路《きたおおじ》魯山人《ろさんじん》がこんなことを書き残している。寿司屋にまつわるエッセイだ。

今一つの新傾向は、女の立ち食い、腰掛食いが驚くほど増えて来て、男と同じように「わたしはトロがいい」「いや赤貝だ」「うにだ」と生意気をやって、噴飯させられることしばしばという次第だ。

島《しま》田《だ》髷《まげ》の時代には売物にならなかった御面相が、口紅、爪紅《つまべに》、ハイヒールで堂々と寿司通仲間に侵入し、羽振りを利かす時代になってしまった。

（「握り寿司の名人」『魯山人の食卓』グルメ文庫）

二ヶ所の傍点は私が振ったものだが、つまり、男たちだけだった寿司通仲間に、女が入り込んで来ることに対し、「売物にならなかった御面相」や出で立ちのあれこれに突っ込みながら煙たがっているのである。今、読み返すと、このテキストこそ売物にしてはいけない「御面相」をしていると思うのだが、寿司という食べ物の周辺では、こういった「女は受け付けない」感じが未だに保たれているのではないか。「トロがいい」「いや赤貝だ」「うにだ」と女が求めてはいけない風潮は、いかにして残存しているのだろう。自分は、食にこだわりがない人間、というか、食事処で出てきた料理をただ素直に美味しいと思う人間なので、差し出された食べ物を前にして、望ましい態度を規定するような精神論が苦手なのだ。その精神論のど真ん中に、寿司が居座っているのではないか。

「ザギンでシースー」

打ち合わせからしばらくして、編集者Kさんからの檄文が届く。

先日、上司からこんな話を聞きました。
四歳の娘さんと、いろいろなお店屋さんごっこを体験できる遊び場に行った。娘さんは「これ、やってみたい」と、嬉々として〝お寿司屋さん〟のコーナーへ。すると、五歳くらいの男の子に、「女は寿司屋さんにはなれないんだ、あっち行け」と言われ、娘さんに遊ばせてくれなかった。何度「代わって」とお願いしても、頑なに拒否する男児。上司は思わず、「そんないじわるなことを言うお寿司屋さんが作ったお寿司、おいしくないと思うな」と言い返した。

……K、絶句。職業上の性役割認識が五歳児にこんなにも強烈に刷り込まれていることに、まず唖然とします。「やってみたい」と思った女の子の意欲が踏みにじられたことに、憤りと悲しみを覚えます。上司は、五歳児相手に反撃してしまった自分を「大人げなかったかな」と言っていたけれど、その後も彼は大将の座を譲ってくれなかったわけで、「教育上、まっとうな声掛けだったと思います」と伝えたのでした。

思えば、女性の寿司職人に遭遇したことがありません。これは、女性の業界進出を阻止する何かが働いているのでは……と、疑ってかかってしまいます。そして、そもそも寿司を食べに行く回数が少なくなっていることにも気づきます。もともと寿司は大好物で、田舎ではたびたび寿司屋に通ったものですが、東京に出てきて、一気に寿司ハードルは高くなりました。値段、敷居、高い。プライド、うんちく、そういうものの濃度も高そう。少ないながらも東京で行ったことのある何軒かの寿司屋の大将の、威圧を感じさせる佇まいを思い出します。

「ザギンでシースー」と、『テラスハウス』(Netflix)出演の女性メンバーが発言して話題

――になったりもしましたが、そこは思わぬマチズモの巣窟なのでは……と、震えています。――

五歳児に向かって「おまえは北大路魯山人かよ！」と突っ込みたくなるが、問題はその五歳児ではない。その五歳児に、「女は寿司屋にはなれない」と職業上の性役割認識を刷り込んでいる大人である。

男性だらけの職場に女性がいるだけで理由が問われる傾向はなかなか変わらない。そこにいる事実がただただ受け止められていけばいいのだが、「男勝り」だとか「女を捨てて」だとかといった、不要な装飾語によってイレギュラーな状態が保たれる。財界のトップはいまだに男ばかりだが、経団連でダイバーシティ推進を担当するＡＮＡホールディングス・片野坂真哉《かたのざかしんや》社長が朝日新聞（二〇二〇年三月九日）のインタビューに答えており、聞き手が「経団連幹部にも2割を目安に女性を入れると決めてはどうでしょう」と提言すると、「規定から入るのはおかしい。シンボリックに女性を登用すると、その人たちも相当苦労します」とインタビューが締めくくられている。女性を「シンボリック」に仕立て上げているのは男性だらけの社会なのに、相当な苦労は女性が背負うのである。「女は〇〇にはなれない」という負のスローガンを保持しているのは、こうやって女性に対して相当な苦労を予告している人たちである。えっ、オレたちと並ぶのって、そう簡単なことじゃないからね、という態度。かといって、そちらは、そこにたどり着くまでに、同様の苦労を乗り越えてきたわけではないのである。入口を封鎖すれば、中にいる人たちは安心できる。中に入ってこないようにするために、入ってこようとする存在を不安にさせる。あるいは威嚇する。なんとかしてその壁を乗り越えて入ってきた存在を「男勝り」とする。男に勝っているのではなく、ただただ、組織人として優秀であるだけなのにもかかわらず。

編集者Kさんが「『ザギンでシースー』と、『テラスハウス』出演の女性メンバーが言い放って話題になりました」と書いていた該当回を自分も見ていた。『テラスハウス』とは、男女三人ずつが同じ家で共同生活を送る人気リアリティー番組（今件とは別の女性メンバーが亡くなったことを受けて、二〇二〇年五月二七日に制作中止が発表された）だが、ある放送回で、二一歳の女性メンバーの大学生が、二六歳のバスケットボールプレイヤーと食事に行くことになった。気になる人を食事に誘うのはこの番組ではお馴染みの光景だが、女性から男性に「ザギンでシースーは？」と提案したのだ。バブル期を過ごしたテレビマンのような言葉遣いだったが、そうやってコミカルに場を混乱させる言葉遣いって効果的だと私は思っているので、この発言がネットを中心に炎上したと聞いて驚いてしまう。その映像を見た、芸能人が集うスタジオでも「引くなー」「やばくない？」「奢《おご》られ慣れてるわ」などとブーイングの嵐。女が男に寿司をねだる時には、ねだりかたってものがあるだろう、という意味だったのだろうか。

奢られたければ奢られればいいし、奢りたければ奢ればいい。その合意が形成されていればそれでいいと思うのだが、なぜかその姿勢を外野が推測する。恋愛アナリスト/コラムニストのヨダエリによれば、「『ザギンでシースー』という言い回しが咄嗟《とっさ》に出てきて、しかもその提案をすることに全く遠慮がないのは、銀座で寿司を食べることや、そこに若い美女を連れていくことをステイタスと捉え実践している、年上の稼ぐ男性とデートし慣れているからだろう」(「FRaUウェブサイト」・二〇一九年一二月五日)とのことなのだが、「ザギンでシースー」を提案しただけで、「年上の稼ぐ男性とデートし慣れている」まで行き着くのはアナリスト(分析家)の論旨としてはだいぶ粗い気がするがどうなのだろう。ライター(私)の分析としては、ザギンでシースーし慣れている人は、「ザギンでシースー」なんて言わないと思う。

モデルとか女優とかクラブの女性とか

「焼肉食べたい」と申し出て焼肉屋に出向くのと、「ザギンでシースー」と申し出て銀座の寿司屋に出向くのとでは、ブーイング具合が異なる。その差って何なのだろう。やはりそれは、寿司、という食べ物が持つ特性なのか。特別な食べ物っていくらでもある。希少な食べ物もいくらでもある。

特別、希少とは異なる優位性が寿司にあるとしたら何なのか。それはマチズモなのか。村上春樹《むらかみはるき》『村上朝日堂ジャーナル　うずまき猫のみつけかた』（新潮文庫）所収の、村上と安西水丸《あんざいみずまる》の対談の中に、寿司にからめたセックス談義がある。

村　でも僕は個人的には、寿司を食ってからやるよりは、やってからゆっくり食べる方がいいですね。
水　そんなのいないよ、普通は食べてからやるもんだよ。
村　そうかなあ、僕が変なのかなあ。でもさ、やってる最中にこの女はさっきトロとあなごとウニを食ったな、なんて思い出すと感興がそがれませんか？　おなかの中にそういうのが入っているのかしら、とかさ。ちょっと生臭くない？

えっ、そちらのおなかにも寿司が入っているじゃんか、と思いつつも、ひとまず、このラフなトークに、寿司特有のマチズモの発芽を確認。これが焼肉やイタリアン、アイスクリームや今川焼きでは話が成立しない。寿司だから話が通る。どうして通るのだろう。東京の都下で育った自分はこれまで江戸前寿司を堪能《たんのう》してきたわけではないし、時たま家族で回転寿司に行くくらいのものだったが、寿司の特権性を知っている。カウンターだけの高級店など、生まれてこのかた一度も行ったことがない。なぜ、それを知っているのだろう。

『ザ・ノンフィクション』（フジテレビ系）の鉄板シリーズに「上京物語」がある。生まれ育った街を離れ、上京した若者たちがもがく姿を描く。鹿児島県の徳之島《とくのしま》から上京し、寿司屋の見習いになった同級生の男女の物語が何年かに亘《わた》って放送された。

上京前、付き合っている彼氏を家に招いた女性だったが、父親が娘に向かって「女で板前なんて、寿司職人なんて、東京人でも考えないよ」と突っ込み、女性は思わず涙してしまう。いざ上京すると、女性のほうがそつなく雑務をこなす一方で、慣れない職場にモジモジしているだけの男性。使える人間と使えない人間、圧倒的な実力差が生じてしまうのだが、インタビューに答えた寿司屋の大将は、なぜか、馴染めずにいる男性のほうを買っている。「ちょっと悪そうでいいですよね。芯が通ってる方がいいんで」と褒め、すっかり仕事をこなしているように見える女性に対しては、「真面目すぎると、何でもかんでも真剣にとらえて、全部受け止めちゃうと、自分で持ちこたえられなくなって、心が折れてしまう可能性がある」などと含みをもたせた。

男性はやがて、先輩と飲みに行くなどする中で、そのキャラクターを認知され、できないけどかわいいやつという存在になる。女性は、愚痴をこぼす相手もおらず、完璧な仕事ができるだけ、という存在になる。女性は孤立していってしまう。先の経団連メンバーのインタビューを思い出そう。彼は「規定から入るのはおかしい。シンボリックに女性を登用すると、その人たちも相当苦労します」と言っていた。シンボリックに女性を扱い、相当な苦労をさせているのは誰なのか。

堀江貴文《ほりえたかふみ》が様々な寿司職人に話を聞く一冊『堀江貴文VS.鮨職人　鮨屋に修業は必要か？』（ぴあ）。寿司屋という仕事を褒める話の流れの中で、堀江は「鮨が好きか嫌いかという以前に客がいいでしょ。お客さんが割とお金を持っていて、幅広い業界のイケてる人が集まる場所じゃないですか」なんて言い方をする。なかなかイケてないトークだが、世の中の若い子は「客単価が二万、三万の鮨屋にどういう層が集まっているかってこと、そういう世界があること自体を知らない。知っている若い子はモデルとか女優ばっかりだから」と続けている。あらゆる場で選民意識を語り、そこへ意見する声の多くを嫉妬と捉え、選ばれる人間になってから言えと軽くあしらう彼のような者が、寿司屋に来ている若い子はモデルや女優ばかりとカテゴライズしていることは象徴的だ。寿司屋ってイケている場所なのにそういう女の子しか来ない……食とステイタスと性差は、なぜこうもスムーズに連結してしまうのだろうか。

先の魯山人がベタ褒めしていた寿司屋が「銀座久兵衛《きゅうべえ》」だ。魯山人は、この店の主人のことを「珍しく人物ができて」いるとした上で、「もし大学でも出ていれば現在は少なくとも局長、次官はおろか大臣級になっていたかも知れない。ともかく、苦労を積んだ、頭の良いできた人物と言えよう」と語っている。このエピソードは、久兵衛の二代目主人今田洋輔《いまだようすけ》が記した『銀座久兵衛　こだわりの流儀　最高のネタと最高のおもてなし』（PHP研究所）で触れられているが、女性について、このようなエピソードが記されている。

ある会社の部長さんが妾宅《しょうたく》のお子様をお連れになりました。その二、三週間後、正妻を連れてお見えになった時に、そのお子様の話をしてしまったのです。

過剰なほどの敬語の中に置かれる「妾《めかけ》」という言葉選びが気になる。板場では、こんな場面も。

お客様から「おやじも一杯飲め」と声をかけられることがあります。私は、遠慮なくいただくことにしています。この瞬間は、砂漠の中でオアシスにたどりついたように、どこかのクラブで美しい女性に作っていただいたお酒よりも、何よりもうまいと感じます。

とても丁寧で、慎重に書かれている文章の中に、こういった、実にアナログな比較要素として「女性」が浮上するのには、そういう社会で生きてきたから、なんて言い訳が用いられるのだろう。それにわざわざ理解を示す必要もない。

師匠が白と言えば黒でも白

飲食業の世界は何かと男性中心に構成されている。ラーメン屋など、とてもわかりやすいが、太陽が顔を出す前からスープの仕込みを始め、魂を込めた一杯をひたすら作り続け、閉店後も、新しい味の開発や明日の準備をする。睡眠時間は三時間っすね、なんて答える様子を定期的に見かけるけれど、つまりは、体力勝負、そう簡単に女が入ってこられる世界じゃないよ、という牽制になる。『日経WOMAN』が主催する「ウーマン・オブ・ザ・イヤー2019」の大賞に選ばれた中村朱《なかむらあけ》美《み》は、「一日一〇〇食・ランチ営業のみ」の営業形態で、従業員全員が残業なしで帰る働き方を実践するステーキ丼専門店「佰食屋《ひゃくしょくや》」のオーナーとして知られる。儲けを追求するのではなく、育児や介護など、様々な事情を持つ従業員が心地よく働ける仕組みを作った。飲食店の常識を打ち破ったと話題になったが、まだまだ、一丁前になりたいならしんどい思いをしろ、というのが飲食店の修業道なのだ。「俺たちの頃はな」と繰り返す「俺」がトップに君臨する組織は、その「俺」のやり方がそっくりそのまま引き継がれる。外部から批判されることのない縦社会は、濃度・強度を増していく一方。その職業ならではの能書きが言い訳として存分に機能する。一つの言い分に代表させるのはどうかと思いつつも、たとえばこのように。

伸びる職人は、頭で複雑に考えるのではなく、理屈抜きで、師匠の言うことを受け入れます。それが先ほどお話した「素直である」ということです。仕事ができる師匠ほど寡黙なものです。師匠がいちいち細かい理屈を説明しなくても、師匠が言うのだからと、伸びる弟子は無条件にシンプルに受け入れる受容力を持っています。

師匠に白だと教えられたら、黒なのに？　と思わず、白だと受け入れてみる。

（榎園豊治《えのきぞのとよはる》『一流の職人に学ぶ人づくりの流儀　銀座「六雁《むつかり》」の見えないものを教える技術』日本能率協会マネジメントセンター）

前章で「体育会」を取り上げた際、礒繁雄『体育会力』から、「今は日本の社会全体が平等性を求める時代になり、泥臭いやり方はスマートでない、前時代的だといわれ」るようになったが、「でもじつは、スポーツはそんな時代にあっても、『泥臭い』世界だと思うのです」との箇所を引用した。今回の引用も、この手の泥臭さを下地にして、寿司という高尚な産物にストレートな精神論をまぶしている。師匠が白だと思えば、自分は黒だと思っても白だと思わなければいけない、という世界はもれなく異様だ。師匠は、弟子が「黒ではないでしょうか」と申し出る場を用意しながら、それでも白であると言葉を尽くして説きふせたり、確かに黒かもしれないと受け入れるべきだが、師匠の握る寿司そのものが客を唸《うな》らせる限りにおいて、その「黒」が放置される。先輩の言うことに従う体育会の構造はシンプル。下っ端がやがて先輩になれば、そのまま更新されるだけ。だが、これが寿司屋となると、具体的な創作物＝寿司に向けられる喝采がある。そこにいる「俺」は何重にも守られる。結果的に、女は、板場にも、あるいは客席にも堂々と入り込んでいくことができない。

かなり前の北大路魯山人のエッセイを引用し、「島田髷の時代には売物にならなかった御面相」って、女性客をどういう目で見てるんだと怒る。これを、今に続く問題のとっかかりにしたのは強引だったはずだが、この一〇年足らずに出た本をめくっても、これが変わらないのだ。「なにコレ〜？　超ヤバ〜い！」と寿司を口に入れた「若い女の子のお客さん」に言われ、大将が変なものでも入っていたのかと聞いてみると「おじさん、オッモシロ〜い」と返され、『『面白いのはあんたの方だ』ってセリフが喉まで出かかりました」（三《み》ツ木新吉《ぎしんきち》『寿司屋の親父のひとり言』講談社）とある。この「女の子」の言動が正しいとは思わないが、寿司屋の大将はとにかくマナーに厳しく、特にそのマナーを逸脱するのは女である、という断定が続いている。そこから議論が深まることなく、ずっとこの手の乱暴な意見が通ってきたのだ。

高級寿司店に出向く

行ってみるしかない。編集者Kさんと、銀座の高級店に出かけることにした。三〇代の男と二〇代の女が高級寿司店に出向く。こちら二人にとってはイレギュラーだが、あちらにとってもイレギュラーかもしれない。いや、背伸びしたアベック（意図的に死語を使用）の来店、というイレギュラーへの対応なんて、慣れたものだろうか。

「当日までに『寿司の似合う男』になってみせます」「私は『寿司屋に連れて行ってもらい慣れている女』になってみせます！」との茶化したやりとりを経て、新型コロナウイルス感染拡大の影響によって閑散としている銀座の夜に……と思いきや、高級そうな店が立ち並ぶ界隈《かいわい》はそれなりの人通りだ（二〇二〇年三月三日に訪問）。あらかじめ、「お任せ」で頼めば一人一万五〇〇〇〜二万円近くするらしいとのネット情報を得ていたが、どうやって展開していくのかなどはちっともよくわからない。以降、これをお読みいただく方が「寿司の似合う男」や「寿司屋に連れて行ってもらい慣れている女」ならば、何を今さらという内容ばかりかもしれない。その手の寿司屋を初めて訪ねた、少々ひねくれた視点を持つ人間には以下のように見えたのだ。

L字型の一〇席ほどの店内だが、どうやらもっとも大切なお客さんはLの字で表すところの、右下の席に通すらしく、自分たち二人は当然、左上の席に案内される。大将はLの曲がり角あたりに陣取り、続く板前がその隣、さらにサポートする板前が、自分たちの前あたりで、時間を見つけていなり寿司などを作っている。編集者Kさんは一番奥の席、その隣に自分が座る。世の中では新型コロナウイルス絡みの自粛ムードが高まっているが、この人気店は満席。「本日はどうしましょう？」との問いかけに、目を泳がせながら「お任せします」と申し出ると、お造りやら焼き魚やらが絶妙なタイミングで運ばれてくる。白い帽子をかぶっていない若者がおり、彼が多くの雑用をこなしている。茶碗蒸しを運んできたものの、そのスプーンを置く場所に迷っている。Lの字の右下、特等席にやってきた中年男性二人は大将と昵懇《じっこん》の仲のようで、「なんか、寂しいね。こういう時にこそパーっとね！」などと言いながら野太い声で笑っている。大将はとにかくオリンピックの話を繰り返しており、その隣の板前も、口を開けばオリンピックの話をしている。これといって中身のある話ではない。「スケールの大きなもの」の動向を追いかけるのが好きなのは、彼らの特徴なのだろうか。自分もマスコミ業界のお偉いさんと会食することがたまにあるのだが、彼らは、本当によく、自分の話か、大きな話をしている。当然、最終的に行き着くのは、自分の仕事に関連した大きな話である。オリンピックという話題には、そういう大きな話を引き出すための着火剤の役割があるのか。

いくつかの寿司屋にまつわる本やドキュメンタリーで仕入れておいた光景がそのまんま広がる。

自分たちの隣に、若い女性を連れて入ってきた中年男性が座る。一九九〇年代に一世を風靡《ふうび》したが最近はそうでもない音楽プロデューサーのような佇まいだが、隣り合う女性に、とにかく一方的に話を続けている。なぜか、ある国会議員に降りかかっている疑惑の詳細を語り、少し耳をそばだてるのをやめていると、最終的に「人間力とは？」との話になっていた。大将が女性にやたらと高級プチトマトを薦めている。彼らがいた二時間ほどの間、女性から積極的に話しかけた場面は皆無だったのではないか。男性がトイレに立った瞬間、女性は、凄まじいスピードでスマホに何かを打ち込んでいた。

特等席に座る男性が、板場にいる皆にビールを奢っている。あっ、「どこかのクラブで美しい女性に作っていただいたお酒よりも、何よりもうまいと感じます」と語られていたアレだ。大将が「おいっ、〇〇さんからいただいたぞ」と呼びかけると、板前たちが、皆、「いただきます」と彼のほうを向く。今日は自分が主役である、と印象付けた。Kさんによると、とにかく彼と頻繁に目が合ったのだという。Lの端っこ同士ということもあるのだろうが、新参者を見定めているのか。それとも、数年前にガラガラの来日公演を行ったメタルバンドTシャツにヨレヨレのジャケットで座っている隣の男を見て、だらしない格好しかできない男なのか、あえて着崩している男なのか、判断に迷っているのだろうか（前者です）。L字の曲がり角のところにも中年男性と若い女性の組み合わせがやってきて、連れてこられた女性は、ちょっと露骨なほど、始終つまらなそうな顔をしている。男性は、シャツのボタンを二つ開けて何かを熱弁している。
こういう雰囲気なのだろうと予想していた通りだったものの、その場で展開されるトークというものには抗体がなく、ひたすら聞き取った。後日、私とKさんの感想を出し合った結果をまとめるとこうなる。どれがどちらの意見というわけではなく、二人で話し合ったまとめだ。

とにかく、ジャッジし合うことによって「格別に美味しい」世界を作り上げる不可思議さがあった。ジャッジし合うのは、店と客。総額いくらになるかは客が決めることではなく、覚悟を決め、店は舌の肥えた客に納得してもらえるものを出す。出されたものを食べた客は「なるほどね」といった顔をしながら大将や板前に目をやる。自信と自信がぶつかり、「ここには不安はない、そんなものは存在しない」という認知行為が繰り返される。その都度、不安を感じた自分たちはやっぱり初心者だ。最高級、ではないのかもしれないが、一流の社交場とはこういうものなのか。つまり、どちらかがどちらかに怯えていたり、不安に思っていたり、弱さを見せたりしてはいけない世界なのだ。料理を堪能する場所であることは間違いないが、それよりも精神を交換する場所に思える。ここにお迎えしている、そして、ここにいることができている、という意識の共有が屈強だ。他の料理の高級店に行き慣れているわけでもないが、そういった店の多くでは、基本的にプライバシーが守られる。しかし、ここでは四方八方から介入される。その介入に動揺せず、イニシアチブを取るくらいでなければならないのだ。

会計をするのは、男性である自分……かと思いきや、編集者Kさん。ありがたいことにごちそうになるのだ。その瞬間の、「えっ、そっちが」という店内の目をもちろん見逃さない。Kさんに聞くと、集英社のようなよく知られた出版社で編集者をしていると、こういうことが時たまあるのだそう。Kさんが「領収書を集英社で」と告げると、その途端に応対が変わるらしい。カウンターで思わず「いくらでした？」と聞くと、小声で返せばいいものを、Kさんが、手を使って「三」「五」と伝えてくる。二人で三万五〇〇〇円。特等席の中年男性がこちらを見ている。この店で、その振る舞いは恥ずかしいぞ、と苦言の一つもぶつけたかったのかもしれない。店を出るとKさんが「最初、ひらめのお刺身が出た時、醬油かポン酢、どちらで食べるかなんて聞かれなかったじゃないですか。あれ、私たちの隣の人たちには聞いてましたよ。そうやって仔細《しさい》にランクづけしているのかもしれないですね」と細かな報告をしてくれる。

とにかく、常に話が筒抜けなので、頭の中に浮かんだ話をそのまま出すことができない消化不良感がある。しかし、直接的に不快なことなんてなかったし、寿司の味は素人が食べても極上と感じられるものだったし、こちらの状況を察したサービスが行き届いていた。ただ、このカウンター越しに女性が寿司を握っている様子がどうしてもイメージしにくい。「土俵に女をあげるな」なんて伝統も想起させる。しつこいようですが、経団連の偉い人たちは、この日本社会の労働環境において女性が厳しい立場に置かれていることについて、「規定から入るのはおかしい。シンボリックに女性を登用すると、その人たちも相当苦労します」と述べているのだ。こういった場に来る女性は、極めてシンボリックに座っており、「男性に連れられてきた女性Kさん」が、実は、「男性を連れてきていた女性Kさん」だとわかった時の、さざ波のような動揺が忘れられない。手を使って「三」「五」と盛り上がっている二人は、この店のルールに準じていなかった。

ここなら俺たちは守られる

ステイタスというのは空気のようなもので、だからこそ、常に確認する必要がある。確認し合う仲間が必要になる。そのコミュニティは、新参者をあまり必要としない。自分たちは相応である、という確かめ合いに揺さぶりはいらない。Kさんが女性の知り合いから聞いた話として、男尊女卑だと感じる寿司屋があり、そこではどういうわけか、基本的に男性にしか話を振らず、男性からオーダーが入れば、スタッフ全員で大きな声を出して復唱するのだという。平身低頭が、男性に対してだけ採用されていたそう。

今、男性が、男性であるという理由だけで獲得してきた権威がようやくグラつきつつある。男同士の契りで動かしてきた護送船団社会に、もうそういう社会ではないのではないでしょうか、と疑いの目が向けられ始めている。既存の権威を撥《は》ね除《の》けようとする力に対して、男たちは一丁前の能書きを用意して抵抗する。だが、ただそこにいるだけで自分の立場が保証される場所、というものを、新しい社会システムはどんどん切り崩していく。これでいいのだ。

でも、まだ崩れない。『半沢直樹』（TBS系）が大ヒットした理由って、男と男がぶつかりあうドラマだったからじゃないかと思う。あの非現実的とも思えるわかりやすい下克上は痛快だったが、その痛快さには、対決が男同士である安心感が付随していた。役名ではなく俳優名で記すが、堺雅人《さかいまさと》が家に帰ると、上戸彩《うえとあや》がいて、何かと励ましていた。あのブレないスタンダードが下克上をエンターテインメントにした。女性が、あるいは、男女が平等に行き交う社会を望む人たちが、「ここなら俺たちは守られる」という居場所を崩す存在だと認知されている状況がまだまだ残っている。

高級な寿司屋に来る人々は、ここなら安心、という表情をしていた。事実、寿司屋の弁舌はもちろん、物書きのエッセイも、扱うのが寿司となると途端に感覚が更新されなくなる。以前、結婚式で流布する言動を追及した際にも同じことが起きたが、「色々と言われちゃう世の中だけどさ、まぁ、ここでは自由にさせてもらうよ」というオーラに包まれていた。その定則に体を合わせなければいけなかった二人はすっかり疲弊してしまったので、逆説的にいえば、自分たちはそういった場所からは最低限距離を置けているのだろう。

女性と食事をする時、性差というものを意識することは少ない。相手に意識させないようにしよう、と思うことはあるから、それも意識の一つなのかもしれないが、「意識せよ！」と客と店で連帯している空間というのは、やっぱり異様。少しの経験や、伝聞や文献から決めつけるのも乱暴とは思いつつも、調べても、聞いても、行っても、「ここはそういうことになっているからさ」が主張のど真ん中にあった。そういうことになっているって、なんの理由にもなっていない。伝統と聞けば、それにひれ伏さなければならないように思われるが、そんなに便利に使われても困る。寿司、と言われた時の思考停止って、この日本社会の男女差をめぐる思考停止の、濃度を高めて握って固めたものなのではないか。踏み越えてはいけない領域、ここはこうであってほしいという領域が寿司屋に残る。『テラスハウス』で「ザギンでシースー」を言ってのけた女性に対して、私たちは喝采を浴びせなければいけなかったのではないか。だって、寿司屋って、別に、あなたたちだけの場所ではないはずだから。

二章

カウンターと本音

「今はどうか、おうちで」

二〇二〇年に入ってから、どんな原稿を書くにあたっても、新型コロナウイルス感染拡大に触れないわけにはいかない。正直、その感じに飽き飽きしているし、読むほうも飽き飽きしているだろうが、ウイルス自体は飽きる、飽きないの概念を持っていないので、こちらが飽きることで得をするのは、この期間、いくつもの失策を重ねてきた為政者である。

自分たちの失策を隠すために国民の自己責任の幅を最大化したがる彼らは、私たちはやるべきことをやってきたのに言うことを聞いてくれない人たちがいるのでこんなことになっているんです、という雰囲気を強化し続ける。だが、それは雰囲気でしかなく、あくまでもそちらの実力不足によるものであることは、何が何でも頑なに装着し続ける布マスク姿を見ればわかる。

小池百合子都知事が連呼した「夜の街関連」という謎の造語を、メディアは素直に受け止め、靖国通りから歌舞伎町一番街にカメラを向け、望遠レンズで捉えながら、「あっ、マスクをしていない人がいます！」「酔っ払って抱き合っている人がいます！」と騒ぎ続けた。カメラを向けるべきは、街ではなく小池である。「あのう、ずっと、夜の街が悪いって言ってますけど、夜の街があるのって、東京都ではないでしょうか。それとも、あの場所は特別行政区か何かなのでしたっけ」と皮肉を混ぜながら問うのを優先しなければいけない。歌舞伎町一番街には「接待を伴う飲食店」だけが軒を連ねているわけではない。接待を伴わない牛丼屋や、接待という概念さえ持ち合わせていないラーメン屋もある。ああやってカメラを向けるだけでは、個人のせいにして、失策や無策を隠蔽しようとする動きに加担してしまうと気づけないものか。もし、気づいているのに気づかないふりをしているならば、それは、より悪質である。

連呼され続けている「密閉・密集・密接」って、思えば本書で取り上げてきたいくつかのテーマと関連性がある。コロナ禍で、これらの三つの「密」は徹底的に避けるべきと言われたが、本書では、とりわけ女性が、特定の環境下で「密」を避けたくても避けられずに苦しんでいる状態を問題にしてきた。痴漢は満員電車の中だけで発生するものではないが、やはり「密」である環境を利用した犯罪だし、駅の構内などにしばしば現れる「ぶつかってくる男」問題は、その場が混み合っているからこそ、あくまでも偶然、という言い訳を可能にするのだった。マチズモがやたらに機能する場では、おおよそ、「気のせい」「偶然」「そんなことくらいで」と矮小化する言い訳が並んだ。

社会の「密」状態は、そういった言い訳に都合よく使われてきた。だが、相手を不快に感じる距離を強いられることが、このコロナ禍によって制限された。緊急事態宣言下やそれ以降も以前のような極度の満員電車は少なくなったし、至近距離で戯れるような飲み会は避けるように言われ続けている。男女問わず、不必要な関与、望まない接触を避けられているのは、この状況下でのわずかな利点といえる。

なるべく近づくな、という日々が続くと、すでに知っている人との関係にすがるようになる。誰かが、「今は、日頃の付き合いの貯金を使って生きているような状態」と形容していたが、確かに、貯金を使っている感覚は強い。無論、貯金が涸《か》れてしまう危機感もある。感染リスクに怯えながらも、貯金の浪費は快適ではあった。無作為に、そして無許可に他者が介入してくるリスクが低減した。ソーシャルディスタンス（社会的距離）は、このコロナ禍が終われば消えていく言葉なのかも知れないが、このソーシャルには、とるべきディスタンスが確保されていない、というのは、この本に横たわるテーマである。

「おうち」という柔らかい響きを連呼し、とにかくおうちにいましょう、という指示を出すだけで、結局、家事負担を女性に押し付けたり、家庭内暴力が増加したりした非条理が浮き彫りになった点も忘れてはいけない。たとえば、安倍晋三首相（当時）は、二〇二〇年五月四日の会見で、「例年、ゴールデンウィークには実家に帰省するなど、家族で旅行していた皆さんも多いと思いますが、今年はオンライン帰省などのお願いをしております。そうすることで皆さんの、そして愛する家族の命を守ることができます。御協力に感謝いたします。いつかきっと、また家族でどこかに出かける。そのときのために、今はどうか、おうちで家族との時間、家族との会話を大切にしていただきたいと思います」と述べている。真顔で「おうち」と言った。彼の頭にある家族像はいつだって、住宅展示場の広告に出てくるようなハッピーな家族像だが、今回のあらゆる政治判断もこういう家族像に基づいていたことは、一人一〇万円の一律給付がなぜか個人にではなく世帯主への給付になったことや、その手の家族像ではあまり想定されていないフリーランスや性風俗関連への冷遇からも想像することができる。不快な接近は防げるようになったが、他者との距離をどう設定するかにバリエーションが許されなくなったしんどさがある。

いつもみたいに飲めないから

コロナ禍の最中に知ったニュースのうち、男性であることを恥じてしまうニュース（総じてそんなニュースばかりなのだが）として、あおり運転の加害者の九六％が男性だったことを報じたものがあげられる。NHKの記事にこうある。

警察庁が去年までの2年間に摘発された、悪質なあおり運転について分析したところ、加害者は96%が男性で、78%は同乗者がいなかったことが分かりました。警察庁はおととしから去年にかけて、全国の警察が暴行や強要などの容疑を適用した悪質なあおり運転133件について、詳しく分析しました。それによりますと、加害者は96%が男性で、年齢別では40代が27%と最も多くなっています。

（NHKニュース・二〇二〇年六月二四日）

「平成30年（二〇一八年）版交通安全白書」によれば、二〇一七年末時点の運転免許の保有者数は約八二二六万人で、男性が約四五一三万人、女性が約三七一二万人、構成率では男性五四・九%、女性四五・一%と、さほどの差は生じていない。それなのに、あおり運転の加害者の九六%が男性だったのである。男女を傾向でわけて、脳科学（このところ、自由気ままに使われすぎている言葉だ）などの観点から分析するのは危ういと思っているのだが、この九六%という数値は分析を必要としないほど、異常な偏りである。独裁政権の支持率のようなパーセンテージだ。

あおり運転は、自分の突発的な怒りや蓄積した苛立ちを特定の車をあおることで解消しようとする極めて幼稚な行為だが、ここにも、本書のテーマでもある、「なぜ、男性は、公的な場で、あたかも私有地にいるかのように、気ままに振る舞うのか」という問題が浮上する。四〇代の男性が最も多いという結果は、三〇代後半の自分としては情けなく感じるだけでは済まされない、恐怖に似た感情が湧く。なぜ彼らはこんなにもだらしなく怒りを晒しているのだろうか。なぜ、思いっきりあおり、力任せに詰め寄ることしかできないのだろう。ワイドショーで繰り返し、ドライブレコーダーに映ったあおり運転の加害者の映像を見る。大きな声で何かを叫びながら車に近づいてきて、ドアをドンドン叩く。最近の車には、あなたの姿を記録する装置が付けられていることくらいわかっているはずだが、それでも勢いよく突っかかってくる。いかにも、オレはオマエに勝てる、という勢いだが、そもそも勝ち負けを決める場面ではない。こういう謎めいた勝負に挑むのが九六%男性という事実。脳科学などではなく、ただ、人間を人間として尊重する意識、つまり、人権意識が欠けているのではないかと思う。

コロナ禍で、私たちは大量の「街の声」を耳にしたが、その採集場所として、渋谷スクランブル交差点と新橋駅前SL広場は定番だった。渋谷は「それでも出かける若者」をゲットする場で、新橋は「それでも出社しなければいけないけど飲みには行けないサラリーマン」をゲットする場になった。新橋駅前で、早々に帰宅するサラリーマンを捕まえ、「いや、ほら、飲み屋もやってないでしょう。いつもみたいに飲めないから、早く帰っても気まずくって」と笑い合うサラリーマン二人組を見た。よく言われる「フラリーマン」というやつだ。彼らはとにかく「おうち」に帰らない。飲み屋で「こないだ娘が生まれてさ」と盛り上がる背中に向けて、「だったら家帰って育児手伝えよ」と心の中で投げかけたことのある人は多いはず。でも、今回はそれができなくなった。だから悩ましいのだそう。いや、「いつもみたいに」がおかしいのではないか。

今回も編集者Kさんから檄文が届いた。このコロナ禍をどう過ごしているのか、などの前置きがあるのかと思いきや、そんなものは一切皆無。毎度ながら怒りに満ちていたが、そこには「夜の街」で自由を与えられ、「おうち」から解放されてきた男性優位社会への苛立ちが感じられた。そうそう、前章では銀座の寿司屋に二人で出向き、「男と、連れられてきた女」だらけの空間に染まろうと思ったのだがなかなか染まれず、我々二人組の会計を「女」のほうが済ませたことに対し、店内が静かな動揺に包まれたのだった。あそこで走った動揺の主成分は「だらしないな、男」だったかもしれないが、女性が払ったくらいで動揺が走る場所のほうが前時代的だな、なんて、払われながら思ったのである。その節は、ごちそうさまでした。

前回の寿司屋取材から数ヶ月。あのカウンターの光景が、雰囲気が、疑念をさらに深めたように思います。「あの人たちにとって、あの空間は、本当に居心地がよいのか？」入店した瞬間から、どちらが奥の席に座るのかを一瞥《いちべつ》で決められ、「お任せ」の塩梅《あんばい》をこちらの計り知れない裁量で見繕われ、食事や飲み物の進み具合を随時確認され、つねに「見られている」「聞かれている」感覚があったことが、個人的には大変息苦しかったのですが、周りの客たちは赤ら顔でその一連を満喫しているように見え、大変新鮮でした。でも、やはり疑いは晴れないのです。カウンターの向こうから、こちらから、交わらない視

線を送りあい、男性同士の「契りの場」を死守するあの感じ、本当に楽しいのかな、と。

　この疑問は、高級寿司屋という特殊な空間以外でも抱いたことがありました。お酒の飲めるお店、とくに、バーです。「お酒が入れば腹割って本音で話せる」から、「夜飲みながら話しましょう」という場面は、この国で社会人をしていたら誰もがどこかしらで遭遇するパターンのコミュニケーションではないかと思います。時には、二次会以降が「本番」と、「行きつけの、いい感じのところ」に流れ、「マスター」や「ママ」に出迎えられ座ったカウンター席の向こうに、あるいはボックス席の隣に、複数の女性がいることもあると思います。私も、バー、クラブ、ガールズバー、スナック、さまざまを経験させてもらいました。

　バーもまた、視線の激しく飛び交う空間だと感じるのですが、「女・子ども」を排除するような寿司屋の空気感とは異なり、バーでは女性はむしろ、大歓迎される。歓迎されるけれども対等に扱われるわけではなく、男女の立ち位置の違いは、より明確に線引きされるように思います。制服を着たバーテンダーの女性にお目にかかることもめったになく、それもなぜ？　と疑問がわきます。

　眼差《まなざ》す者の優越感に浸ることを「楽しい」「心地よい」と感じるマチズモがいよいよ理解できません。寿司屋につづく「カウンター考」で、混乱するKを助けてください……！

男性優位な「公共圏」

なるほど、そうきたか。小池百合子の言葉を借りれば「夜の街関連」、ああいった場では、人間と人間の距離の近さが商売の魅力に直結する。「三密」の場所で、カウンターという境界が設けられ、そこでは「本音」が語られる、とされる。

タイトルにある「公共圏」という言葉が気になって、谷口功一《たにぐちこういち》／スナック研究会編著『日本の夜の公共圏　スナック研究序説』（白水社）を手に取った。スナックとは、「最も典型的には経営者である『ママ』が一人いて、カウンター越しに接客するような酒と会話を提供する」場所。ふむふむ。では、なぜ、「公共圏」なのか。編著者の言葉には、こうある。

もちろん見知らぬ客が肩寄せ合う中での唐突な政治や宗教の話はご禁制ではあるものの、地域の中で人びとが集まるスナックという場は、しばしば、目には見えない一種のメンバーシップの下で、完全に私的とは言い難い共同性によって結ばれたものだからである。

様々な書き手による論稿が続くが、カウンターの中に女性がいて、カウンターの外に男性たちが群れている構図を「公共」と言い張るためには必ず欠かせないテーマと思われる、ジェンダーの問題が本格的に語られることはないまま終わる。

どうして、その点は語られないのか。「編集後記」にこんな記載がある（傍点引用者）。

主として女性経営者（ママ）がある種の「感情労働」を行う場であるスナックに関して、ジェンダーやセクシュアリティの観点からの議論が本書に含まれていないことに不満を持つ向きもあるだろうが、これは端的に手間と時間の問題であり、この点に関心のある向きが今後、自由に闊達な議論を展開されることを期待したい。

スナックについてみんなで好き勝手に書いたらジェンダーやセクシャリティの問題がたまたま抜けていた、これじゃあダメですね、それは別の機会を作らなくては、などと反省するわけではない。スナックを公共圏であると定めていく本の中において、ジェンダーやセクシャリティの問題が「端的に手間と時間の問題」として排除される。でも、そうそう、日本の公共圏ってそういう感じだよね、ほらほら、あおり運転をする九六％が男性だっていうじゃない……そんな乱暴な言いぶりさえも通じてしまうような、粗雑なジェンダー観。

自分が行ったことのあるスナックは一軒のみ。ただし、その店には何度も通った。というか、通わされた。会社の営業部門に配属されていた一五年ほど前の二年間、部の偉い人がやたらと懇意にしていたスナックがあり、二次会の場所として繰り返し連れて行かれたのだ。

その「公共圏」には、ママと、東南アジアから日本へ働きに出てきていた若い女性がいて、上司はその若い女性のことがやたらと気に入っており、カウンターを出て水割りを持ってくる女性にデレデレしていた。部下を引き連れてくるので男女問わず若手社員が揃っていたが、一番偉い人の飲み物がなくなったのに気づかないことを叱責する、次に偉い人がおり、その叱責の矛先は、自分のような男性にではなく、必ず同世代の女性に向けられた。今思えば、入社間もない男性である自分は、均等に叱らない姿勢を疑問視してもよかったはずが、叱責されている女性を見て、このまま自分には被害が及ばなそうであることに安堵していた。この辺りは、何度も繰り返し思い出して反省する必要がある。

この国の「公共圏」は男性優位にできている。客が七~八人も入れば満席の店内では、カウンターの少し脇に小さなトイレがあり、出入りはもちろん、カラオケでも歌っていない限り、中での所作によっては音がこぼれてくるような環境にあった。そのトイレを使う女性に対して、下劣な言葉を吐く上司がいた。残された自分が物申さなければならなかったが、沈黙していたか、もしくは、笑う側にいた。いかにも「公共圏」らしい振る舞いをしていた。ある時、東南アジアの女性が国へ帰ることとなり、別れるのが辛いと感傷的になった上司は、酔った勢いで女性に思いっきり抱きついていた。ママは苦笑いしながら引き剝がした。上司は、大粒の涙をこぼしていた。これが、スナックの、「ジェンダーやセクシュアリティの観点」を「手間と時間の問題」で省く場所の公共性だったのかはわからない。なぜって、自分はそのお店しか知らないから。

あるスナック好きの男性に聞くと、スナックの魅力は、「ママが大抵、複雑な人生を歩んできており、それをじっくり聞くこと」にあるとしていた。統計があるわけではないが、離婚率やシングルマザー率が高いと彼は言っていた。苦労してきた女性の話をカウンター越しに聞くのが、男性にとっての安らぎになってきた。ならば、その安らぎの間、家にいる女性は安らげていたのだろうか。安らげていないと思う。

先回りさせんなよ

カウンターを挟んで話をする。そこでは何が交わされているのだろうか。そういった「大人の社交場」で繰り広げられるコミュニケーションを大切なものとして評価する向きに、長年、抵抗感がある。だって、そこは、参加するのに一定の条件が求められるような気がするから。でも、それは単なる偏見かもしれない。聞いてみなければわからない。実際にバーでの勤務経験を持つ二人に話を聞いていくことにした。

まずは、現在、出版社に勤め、学生の頃、新宿にあるバーで働いていた女性・川本さん（仮名）に聞く。終始、ハッキリとした物言いが気持ちいい。その店の客層としては新聞記者や出版社の重役クラスが集うことが多かった。華やかではなく、むしろ、「オレたちは他とはちょっと違う」というような自意識が表に出ているおじさんたちだった。

川本　私が働いていたときは、アルバイトの女の子が五〜六人いたんですけど、みんないわゆる有名私大、有名女子大の大学生ばかりなんです。いわゆるキャピキャピしている女の子がいる大学じゃなくて、どっちかといえば、偏差値が高めな女子が集まっているというのが、その店のプライドでもあった。そこに来るお客さんも、「自分は、若くてかわいい女の子と楽しく飲みたいっていうような単純な人間じゃない」と思いながら来るんですよ。要するに、「あわよくば感」を出してくることがほとんどない。

インタビュー中、川本さんは「先回り」という言葉を繰り返し使った。このバーで働いているときに、男性優位社会が自身の中で内在化したと語る。気がきく、よく気づく、とか、そういう評価を求める「先回り」ではない。むしろ、意味としては逆だ。

川本　「あわよくば感」を呼び起こす女性に見られてはいけないという処世術が身に付いたんです。ああ、それをこっちがしないといけないのか、って。とにかく先回りして、自分にはそういうことをするんじゃねえぞ、っていう立ち居振る舞いを心がけるようになりました。ほら、男性って、下ネタを言うにしても、そういうことをしていい女性と、しちゃいけない女性っていうのを明確に線引きしていますよね。もちろん、その時はまだ若いですし、こっちが媚《こ》びるというか、関心を引くことはできたと思うんです。だってほら、おじさんって、若い女の子だったら、ありきたりなことをするだけで大体喜ぶじゃないですか。

ありきたりなことをするだけで大体喜ぶと言われているおじさんたち。世に溢れるセクハラ案件では、必ず、そうはいっても、その気にさせた女性も悪かったのではないかとの弁護が始まる。もし、先回りのプロフェッショナルがいたとして、ああやって先回りして上手に回避する人もいるんだから、と責められる社会があるならば絶対におかしい。

川本　先回りをして相手を封じるというやり方がある限り、はっきりとした拒絶というものが常に唐突な存在であり続けますよね。学生の頃から先回りをしてきたので、一緒に働く人が男性だったときのこっちの心構えが勝手にできてしまい、いまだに仕事をする上で結構窮屈というか、邪魔になることがあります。同じものを見聞きして、的確な相槌を打てる人、建設的なキャッチボールのできる人が好きなんですが、ほら、こういうところ（都内の某美術館に併設されたカフェで取材）に若い女性と来て、あれこれ講釈する「美術館おじさん」とかって、そういう相槌やキャッチボールが成立しない感じがしますよね。

かつての勤め先について聞く中で、何度か、「女性をあてがう」という表現が出てきた。確かに、よく使われる言葉ではあるが、「男性をあてがう」とは聞かない。男性が女性をあてがわれることを望むか、あるいは、あてがわれることを望まないか、その対応は分かれる。だが、あてがわれること自体を疑う向きは少ない。

川本　自分の働いていた店がそうだったんですが、ある一定のインテリ層の男性には「俺たちのグループにはかわいいだけの人は入れてあげないからね感」というのがあるんですよ。ただかわいくて感じのいい女をバカにする文化と言えばいいんですかね。それって変な話です。さんざんこちらに要求しておいて、それに応えたら応えたでバカにされる。こちらが先回りしてかわすトレーニングをする以前に、男性側に弁《わきま》えてほしいんですけど、って話。かわいくて感じのいい女性だから、何かしていいわけじゃない。当たり前の話ですけど……もっと余裕を持って生きてほしいですよ。本当にそれだけです。男性って、動揺を見せないようにする働きが強すぎるんだと思います。そのくせ、ちょっとした拒絶で逆上する。やめてほしい。

「そんなの男性のほうでなんとかしてくれよ案件」というものがあまりにも多い。カウンター越しに、あるいはすぐ隣で……いずれにせよ夜の街で繰り広げられる男女のコミュニケーションを、普遍的なものとして教え諭される機会がなにかと多い。だが、「女性をあてがう」という前提への懐疑がもうちょっと必要なのではないか。

川本　ああいった空間というのは、非常に限定された、そこだけで立ち上がる関係性があると思う。そこで、本当に恋愛に発展したとしても、それからどう続くかなんて、その空間の外で繰り広げられるわけですよね。そこで起きていることを語るだけでは見えてこないと思う。

川本さんがズバリと言ってくれたことは、自分の問題意識と完全に合致した。シンプルな話なのだ。ああいった場で起きていることは、ああいった場で起きているにすぎない。それを公共化することに慎重になる必要があるのだが、どうにも、そこをダイナミックに踏み越えることを許しすぎているのではないか。ただそこで起きていることを、公共化しないでほしい。その中では、女性の言動が男性によって制限されている。そこは、公共圏ではない。

カウンターの重要性

続いて訪ねたのが、現在も老舗バーに勤める女性・伊藤さん（仮名）だ。こちらの店にもマスコミ関係者ばかりが集う。出だしからなかなか辛めで面白い。

伊藤　基本的に、お金払ってうちのような店で飲む人は、話したい生き物だと思うので、この店には、アートだとか、映画だとか、芸術分野への知識がある人が来てもらわないと、っていう男同士のマウンティングみたいなものがあるんですよね。テレビ局の人が、マスコミ志望の学生さんを連れて来たりすると、若者が語る理想の番組像などに対して、「じゃあ、それ、数字いくつ取れると思ってんの?」とか言ったりしている。そういうのを見ると、あー、つまんないな、と思いますね。

以前、ネット上で、「女ポケモン問題」が話題になった。ある文壇バーを、男性論客とともに訪ねた女性。同席していた男性から、突如として「唐十郎《からじゅうろう》は知っているのか。知らないとは教養がない。君はもっと勉強したほうがいい」と言われたという。その女性が文壇バーは女ポケモンを連れて行って自慢する場、と述べた。「女ポケモン」、皮肉が効いている。自分がその男性に対してまず思うのは、そういう説教的なものをしている光景を見られることへの恥じらいのなさだ。こいつはこの人のことを下に見ていて、それを外から見られているっていうことに羞恥心はないのかと思う。

伊藤　働いているお店にも、自分を取り上げた記事や、出演した映像作品を渡してきたりする人がいるんです。そういうのって、アイドルファンとそんなに変わらないかもしれないですね。働いている女の子は、素直に受け取る。店で人気がある子たちは、別に有無を言わせないほどの美人とかってわけじゃなく、化粧っ気もなくて、洋服だってドレスでもないしカジュアルです。こういう空間（取材場所である渋谷のカフェ）では、特に目立たない子だったりするんですが、そのほうが、カルチャー臭を残しておきたい人たちにとってはたまらないみたいで。でも、ホントに、自分が働けるのは、カウンターがあるからだと思う。

カウンターがあるから。どういうことだろう。

伊藤　カウンターって、かなり大事なんですよ。横に座ると、気安く触れてきますから。客の横に座るお酒の席では働けないと思う。以前、ガールズバーで働いていたことがあって、その時もカウンター越しだったんですけど、下ネタはキツいし、エッチな目的で来ている人も多かった。玄人の人を落とすのは難しいけど、素人だったらいけるぞ、みたいな感覚で来る人ばかりで。自分自身、親と喧嘩して家を出て、彼氏の家に転がり込んでいる状態だったので、お金が欲しくて働いていたんです。今と比べ物にならないくらい辛かったですね。でも、カウンターがあった。本当に重要なんですよ。カウンターの中で、別の業務があるって大事なんです。あなたに集中する以外にやることがある、って示せるから。横に座ると、俺の子感というか、独占してもいいような空気ができてしまう。

カウンターの中にいれば、取捨選択もできる。この人だったら話してみたい、面白そうという人にも少なからず出会える。趣味が合い、対話のできる人がいれば、話すことができる。そうではない人には何がしかの言い訳ができる。

伊藤　ガールズバーでは、とにかくもう、無でしたね、無。ずっと、無でいた。それに耐えられなかったから、人気も出ませんでした。とにかく、ああいう場には長いことといられなかったんです。

今回、話を聞いた二人は、いずれも、マスコミ業界の人間が多く出入りするバーで働いていたが、伊藤さんの語りの中にあった「男同士のマウンティング」は、政界御用達《ごようたし》のバーからＩＴ業界人が群れるバーまで、ありとあらゆる場で同様に繰り広げられているのだろう。自分も編集者時代、いわゆる文壇バーに定期的に連れていかれたが、そこに座っているお客さんから、あなたはどういう立場でここにいるのかとたびたび確認された。誰の知り合いなのか。その人とはどういう付き合いなのか。だとすると、あの人のことも知っているのではないか。あの人と僕の付き合いは長いんだからね。こんな感じの話が続く。これってつまり、縄張りの確認。

自分たちにとっての「安全な居場所」が崩れないことを慎重に確認し、そこでしか成立しない話を繰り広げていく。ここに部外者はいない。みんな、ここでどうやって過ごせばいいのかをわかっている人たちだ。こんな排他性があるからこそ守られる、いつもの自分たちの空間。それって、どんな場所よりも「公共圏」から遠いと思うのだがどうだろう。

カウンターで仕切られたこぢんまりとした空間は、本当に居心地がよいのか。そして、そこは本当に「公共圏」なのか。酒場を、なにかと社会の縮図にしすぎる傾向があるが、やっぱりそこは、ただのひとつの場所なのではないのか。端的に手間と時間の問題でジェンダーやセクシャリティの観点からの議論が省かれる「公共圏」に、やっぱり参加したくない。そして意味を膨らませたくはない。閉じられた社会を「公共圏」にするのは、ただ男性側の事情、「おうち」に帰りたくないだけ、だったのではないか。

そこでは何もたいしたことは起きていないのに、単なる慣習で、たいしたことが起きているかのように知らしめたいだけではないのか。新型コロナが収束し、再び安心して夜の街に繰り出せるようになった時、再びこの至近距離でのあれこれが戻って来るのだろうか。引き続き、あてがった女性を先回りさせるのだろうか。一体いつまで、先回りさせるのだろう。

一二章

人事を握られる

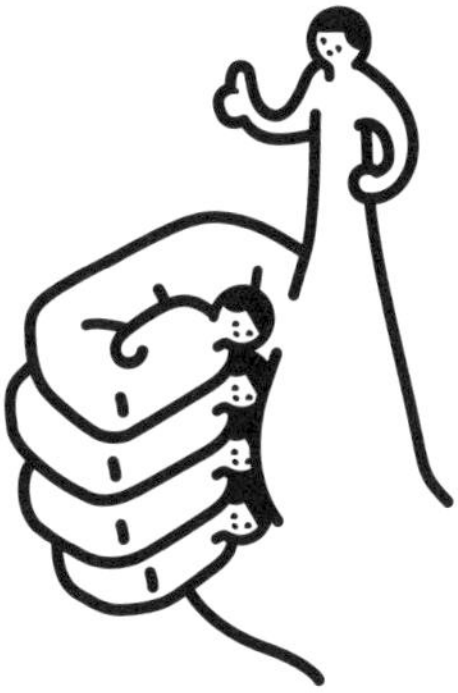

「まずは仲間づくりだね」

もちろん根に持つタイプなので、一〇年も二〇年も前に感じたわだかまりを、いまだに記憶している。その記憶は、経年劣化の逆で、経年進化というか、増幅していくものでもある。実際にはそこまでではなかったのに、今、やたらと根に持っている、なんてことも大いにありうる。その程度には注意する必要がある。だが、会社員時代に経験したこのエピソードは、そっくりそのまま保存できている。自分にとっては、この上なく解像度が高い話だ。あまりにも鮮明に思い出せる。彼らの声色も表情も、周囲の無表情も、醒めた目も。

会社には、ある時期になると、取引先の人事異動一覧がFAXで送られてきていた。数枚に分けられて届いたFAXを確認、会社で何番目かに偉い人が「人事、発表になったよ！」と声に出すと、次に偉い人やその次に偉い人やそのうち偉くなりたい人たちが、偉い人の机に寄ってたかった。新橋駅前で号外が配られた時のような人混みが一瞬にして完成されるが、その人混みに入れ替わり立ち替わり人がやってくるわけではなく、四人か五人程度が机を囲んだまま、「あの人は結局、部長にはなれなかったか」だとか、「北陸支店のあの人がサプライズ人事だ」だとか、「あーよかった、心配してたんだよ、この人」だとか、誰かの浮き沈みに論評を加え続ける。その様子を見て、あっ、この空間に長くいると、自分もたちまち巻き込まれるぞと警戒心を持った。二〇人もいないフロアだったが、ＦＡＸに群がったのは中高年の男性だけで、派遣社員の女性たちや、自分を含めた正社員の若手たちは、目の前の仕事を続けながらも、群がる男たちに醒めた目線を送っていた。自分はちょうどその群がる机の前で仕事をしていたので、その目線を受け止めることができた。

あれから一〇年以上が経ち、かつての勤め先の人たちともそれなりに交友関係を維持しているが、あの時、醒めた目線を送っていた派遣社員の女性たちはあっという間に契約満了で入れ替わり、若手たちはそれなりに中堅になった。こちらが知らないだけで、なかには、すっかりＦＡＸに群がるタイプになった人だっているのかもしれない。あの時、ＦＡＸに群がっていた人たちは、定年で辞めていなくなる以外は、役職を一つか二つランクアップさせていた。女性の管理職も増えてきているものの、基本的には「あの時、ＦＡＸに群がっていた男たち」で組織が動かされている事実が突き刺さる。自分は、部長になるために何十年もあくせく働こうと思わない人間なので会社員を続けることはできなかったし、「部長になったからって何がどうなるのだろう？」なんて乱暴な考えを静かに撒き散らすような存在だったので、その場がちっとも似合わないとの感覚もあった。勤続年数の長い男性たち限定のドラマを背中で傍観していたが、実際のところ、この平凡なドラマが、日本社会の構造を維持・継続させているのである。

みんな、ホント、人事が好きだ。そして、人事によって自分が揺さぶられることを許している。重要なポストに就いていた人間が「辞める」と切り出すと、途端に、次は誰なのか、が始まる。そのポストを退く人間が何をしてきたのかではなく、次を探し始めるのだ。安倍晋三という存在に対する政治家・メディア・国民の反応がまさしくそれだった。あれだけ、いくつもの問題を宙ぶらりんにしたまま辞めるのに、素直に次の人事に移行した。結果的に自民党総裁選に立候補したのは年配の男性三名。タイプはそれぞれ異なるが、ＦＡＸに群がってきた人たちだった。

これまで自民党総裁選に出馬した女性は小池百合子のみだが、今回（二〇二〇年九月）の総裁選で立候補を画策していた一人が稲田朋美《いなだともみ》だった。結果的に推薦人二〇人を確保することができずに立候補を断念したが、その流れを追いかけた記事にこのようにある（傍点引用者）。

官邸を訪れた稲田氏は、思い切って首相に思いを伝える。「私、総裁選に出たいんです」。引き留められるかと思ったが、違った。「まずは仲間づくりだね」。道が開きかけた気がした。

（朝日新聞デジタル・二〇二〇年九月四日）

稲田は安倍首相に引っ付きながらポストを得て、防衛大臣時代に自衛隊日報隠蔽問題の粗雑な対応で辞任を余儀なくされた人だが、自分がそうやって厳しい目を向けられ、「失敗して初めて、弱い立場の人たちの気持ちがわかるようになった」（前出・朝日新聞デジタル）のだという。何となく頷きそうにもなるが、日報の隠蔽が発覚して失敗したことから、どうやって弱い立場の人たちの気持ちがわかるのだろう。世にいる弱い立場の人は、失敗したわけではない。氏のかつての発言を掘り起こせば、「左翼がこれまで進めてきた教育は、戦前の反省を口にしながら、子供たちに日本人としての自覚を失わせ、国を憎ませ、父母や祖父母に軽蔑、憎悪の念を抱かせることを企図してきました」（渡部《わたなべ》昇一《しょういち》／稲田朋美／八木秀次《やぎひでつぐ》『日本を弑《しい》する人々――国を危うくする偽善者を名指しで糺《ただ》す』ＰＨＰ研究所）などがあるが、こういう滅茶苦茶な愛国心を、男性に挟まれながら醸成してきた人なのだ。

総裁選に出たいと告げた後に、安倍から「まずは仲間づくりだね」と言われたので「道が開きかけた気」がする、って、本当にそうか。食事が終わり、お茶を出されたら、「そろそろ帰って」ということかな」と都合よく解釈して長居するような感じだろうか。女性の政治家が極めて少なく、各種ジェンダーギャップ指数でも政治の世界が全体のランキングを引き下げる役割を果たしている国において、女性が「まずは仲間づくり」をできる環境はない。案の定、稲田や、同じく立候補を目指していた野田聖子《のだせいこ》は、推薦人二〇人を集めることができずに断念した。派閥政治で物事が進み、勝てる人物に体を寄せることによって自分のポストを少しでも良いほうにもっていく。「まずは仲間づくりだね」と、日本政治史に残る政権の私物化を繰り返した首相が告げたのは、仲間（＝この世界ではほぼ男性を意味する）がいないのに動くな、という通達に思える。事実、男性の支持を得ることができずに、動くことができなかった。「道が開きかけた気がした」のは、気がしただけだったのだ。

いつになったら楽になるのか

あまりにマチズモが濃縮されているので、ついつい繰り返し引き合いに出してしまうが、大ヒットドラマ『半沢直樹』は、簡単に言えば、人事のドラマだ。誰かが左遷されたり、誰かが満を持して戻ってきたり、誰かが就くはずだったポストを奪ったりしている。あのドラマに登場するのは、（あたかも日本社会をそっくりそのまま反映したかのように）おおよそ男性である。新しい人事が記されたＦＡＸに寄ってたかる光景と構図は同じだ。男が男を上回ろうとする。男が男を潰そうとする。男が、男と男の仲裁に入って、落ち着かせようとするが、実はその男は他の男と策謀している。そんな「男たちの悪巧み」（安倍昭恵《あきえ》が、夫・安倍晋三が加計《かけ》学園理事長らと談笑する写真をFacebookに投稿する際に添えた言葉）を日本じゅうが興奮しながら見ている。倍返しすべき時に涙を飲んできた人たちが、実際に倍返しをする光景を見て興奮するらしい。現実社会も架空の世界も、男だらけの中で男だらけの人事が決まっていく。男が男に、次に上がるのはお前だと言っている。どうして僕じゃないんですか、と男が苦虫を噛《か》み潰している。倍返しはない。

　ある友人女性は、なかなか落ち着き払った弁の立つ人で、言葉を交わすのがとても楽しい人なのだが、彼女が何度か話してくれた鉄板話があり、それは「就職活動中はポニーテールにした。だって、そうやって清純そうなイメージにしておけば、面接官にウケると思ったから」というものだった。それを淡々と語る様《さま》に「面接官、だまされてやんの！」と笑ったのだが、そうやって勝ち抜いてきた彼女はさておき、それをガハハと笑う自分はどうなんだろう、との疑念が今さら浮上してくる。男たちの群れに、男はすぐに入れる。理由はなぜか。男だから。通行証があらかじめ発行されている。男たちの群れに女が入るためには、男に承認されなければならない。講習を受けなければ通行証が発行されない。悪しきこの仕組みがようやく崩れ始めているが、その速度を何とかして遅くしようと試みたり、壊そうとする行為に「逆差別ですよ」なんて言い始めたりする。これを「削り取る」ためにどうすればいいのかが、本書を通してのテーマというか課題であったわけだが、多くの人のキャリアを決定づける人事の場面においてこそ、なによりマチズモが色濃く残っているのではないか。

　そして、自分が彼女のポニーテール作戦を笑い話として聞いてしまったように、無意識に肯定しながらその場面を放置してきたのではないか。総裁選への出馬を目論《もくろ》んだ稲田朋美に「まずは仲間づくりだね」と助言した安倍晋三。それを、そうか、前向きに考えてくれているんだと感じた稲田。だが、そもそも、女性には「仲間づくり」がしにくい環境が整っている。あの光景は、政治の世界だけではなく、普遍的に広がっている光景である。今回も編集者Kさんから檄文が届く。案の定、Kさんも、いわゆる「ポニーテール」的な人事に揺さぶられてきた。本章が最終章となるが、これまでで最も長い檄文になった。この連載を続けてきた二年間で、社会は何かしら変わったのだろうか。残念なことに、Kさんは、マチズモはむしろ膨張しているのではないか、との疑いを持っていた。

私事ですが、連載開始時に二七歳だったK、三〇歳になりました。社会人になり、男性優位社会がしんどいと音を上げはじめてから、女性の諸先輩方に幾度となく「三〇歳になったら、いろいろ楽になるよ」と告げられてきました。その「いろいろ」の内訳は、「若い女だからと舐められることが減るよ」が大半を占めていたかと思います(ほかは「仕事の要領がつかめて、楽しくなるよ」「ヘンな飲み会の誘いが減るよ」など)。実際に、年齢や勤務年数を尋ねられたら、誕生日を迎える前から「三〇になります」「六年目です」と、やや盛りで伝えている自分がいました。そのほうが、働く人間としての価値が高まるような気がして。でも、仕事の出来不出来に入社年次や年齢は関係ないわけだし、「三〇歳、たしかに楽かも」と感じるのも、年を重ねて、舐められないための処世術を駆使するのに慣れただけでは、とも思います。

そんなK、またもや私事で恐縮ですが、先日、髪の毛を一部金髪にしました。校則順守タイプの学生で人生の大半を染色知らずの髪で過ごした自分からしたら、大冒険をしたわけですが、いつもの規範的ふるまいから少し逸脱しただけで、こんなにも自由ですがすがしいのか！　と衝撃を受けました。同時に、自分は何のために、誰を喜ばせるために、この三〇年を「規範的」に過ごしてきたのだろうかと、呆然ともしたのです。変わらず守っていくべき法律や倫理規範がある一方で、それらに当てはまらない数多《あまた》の「こうあるべき」を作り上げているのは、何者なのか。その圧に、なぜこうも従順に生きてきてしまったのか。

就活生のときの自分が頭をよぎります。パンツスーツにしようかスカートにしようか、ポニーテールかハーフアップか、ハキハキしゃべろうか、落ち着いたトーンでしゃべろうか。なにが吉と出るか分からないなか、受験する会社ごとに微調整をしながら、面接官に好意的に受け止めてもらおうと心を砕いた半年間。大変だったなあ……選考が進めば進むほど、面接官に男性の割合が増えていったなあ……男性の受験者もこういう苦労はあったのかな……などと思いを巡らせながら、ふいに衝撃を受けました。「キャリアの扉は、おもに男性によって開かれていたのだ」、と。

会社組織において、入社から出世をへて退社に至るまでの人の動きをコントロールしているのは、人事権を持つ立場にいる人たちで、その多くは男性です。あらゆる局面で、私たちは彼らに評価されるために、尽くしつづけなければならない現実があります。その人たちによって私たちの進退が決まり、私たちの働きやすさ、生きやすさが決まるのだから。その権限の持ち主が男性に極端に偏っているこの状態はやっぱりおかしいし不健全だし、こんな構造の社会で一生を終えるのは嫌だと、しみじみ憤りが湧きます。

この連載では、さまざまな公共空間におけるマチズモの温床を見出してきました。そしてその間、#MeToo、#KuToo、伊藤詩織《いとうしおり》さんの勝訴、『82年生まれ、キム・ジヨン』の大ヒットなど、さまざまに社会は揺さぶられたはずです。それなのに、いまだに歩くのは怖いし、痴漢は誰かの日常だし、スポーツで子どもが亡くなり、寿司は男たちの食べ物のまま、今夜もバーでマンスプレイニングが行われることでしょう。

一体いつになったら、私たちは楽になるのでしょうか？　社会が根っこから変わるためには、資本主義経済を回し、労働環境や人事に直接影響を及ぼす立場にいる人たちが変わらなければならないと、強く強く思います。なのに、あいつら、びくともしない。

この頭で面接を受けていたらおそらく一発で落ちていたであろう金髪をふり乱しながら、この構造は私の生きているうちに覆ることはないのではと、もう絶望寸前です。

クソどうでもいい

一体いつになったら、私たち（女性たち）は楽になるのか、というストレートな告発が重い。そのストレートな告発を避け続けてきた私たち（男性たち）は、もうすでに楽なのだ。その揺るがない事実と、その事実を直視しない様子は、本書を通じて随所で言及してきたつもりだ。その事実を直視すれば変わらざるを得ない。だから気づかないままにする。あるいは、気づかないふりをする。うんうん、日本社会の随所に存在する男女格差の問題って考え続けなければいけない問題なんだけど、目の前にはもっと重大な問題があるんだよね……この態度こそ、この国の男女格差が維持される元凶である。

安倍政権は、看板政策のひとつ、「女性活躍」の目玉として掲げてきた「二〇二〇年までに指導的地位に占める女性の割合を三〇％程度に上昇させる」目標を該当年になって諦めた。二〇一二年の衆院選では自民党が公約に「確実に達成」と明記し、一四年の世界経済フォーラム年次総会では、安倍首相が国際公約として言いきったのに、うわっ、今年でしたか、やっぱりダメそうなので先延ばししますね、とのこと。これぞ、「目の前にはもっと重大な問題があるんだよね」の典型である。この数値目標を達成する次なる時期は明言されていない。どうでもよくなったのだろうか。面倒臭くなったのだろうか。それよりもこっちが問題、と言い続ける限り、ちょっとした問題に据え置かれる。今、日本経済は、ひととおり成長しきった状態にある。そこからどのように成長させていくかと四苦八苦している時に、新しい労働力をいかに生み出すか、その労働環境をいかに整えるか、を議論せず、それどころじゃない、を続ける。「一体いつになったら、私たち（女性たち）は楽になるのか」との問いが繰り返される。

それでいいと思っているのだ。そのままでいいと思っているのだ。そのままのほうが助かるのだ。誰が？　男が。デヴィッド・グレーバー『ブルシット・ジョブ　クソどうでもいい仕事の理論』（酒井《さかい》隆史《たかし》／芳賀《はが》達彦《たつひこ》／森田《もりた》和樹《かずき》訳、岩波書店）が、「わたしたちの社会が、だれも語りたがらないような無益な仕事であふれているという可能性」を提示している。なければならない仕事と、なくてもいい仕事がある場合、人はもれなく前者の仕事をやろうとするが、自分の仕事が後者だと気づくと、その仕事を必死に守ろうとする。ブルシット（クソどうでもいい）という自覚はあるのだ。グレーバーがブルシット・ジョブの主要五類型として挙げているのが「取り巻き」「脅し屋」「尻ぬぐい」

「書類穴埋め人」「タスクマスター」。本章の議論にこの書籍で語られていることを関連させるなら、「取り巻き」「タスクマスター」あたりだろうか。「取り巻き」の仕事とは、「だれかを偉そうにみせたり、だれかに偉そうな気分を味わわせるという、ただそれだけのために（あるいはそれを主な理由として）存在している仕事」。人事のＦＡＸに群がった人々は、しばしばそう見えることがあった。「タスクマスター」の仕事は、「他人に仕事を割り当てるためだけに存在し、ブルシット・ジョブをつくりだす仕事」。管理職に管理される管理職に管理される管理職に管理される労働者は、ハンコがいくつも必要なのって面倒臭いんでひとつにして迅速化しませんかと提案する。それは困る、と言い始めるのは、ハンコを押さなくてもよくなってしまう、その中間の人々である。アメリカ人の文化人類学者・アクティヴィストであるグレーバーの著書に、当然、終身雇用・年功序列型賃金で守られてきた日本型雇用の実情は含み置かれていないが、この日本ではブルシット・ジョブ量産体制を維持するために、ただそこにいればいい状態が残っている。このコロナ禍で注目された、医療従事者・介護福祉士・スーパーの店員・ゴミ収集員などの「エッセンシャル・ワーカー」は日々の生活を維持するために不可欠なのに、おおよそ低賃金で働かされてきた。雇用形態も極めて不安定だ。「ブルシット」は、気づかれないように振る舞う。あれ、この仕事、特にいらないんじゃないの、と気づかれることを恐れている。恐れているということはすなわち、自分でも気づいている。

一九九〇年代から、日本社会では「成果主義」が注目されたが、浸透することはなかった。なぜか。「日本企業の根本的ジレンマは、各社の内部で職務の価値づけを行なっても、それが一社内の序列でしかなく、結果として社内等級に変化してしまう点にあった。そして横断的な労働市場ができないかぎり、労働者の抵抗や士気低下を伴なわずに、日本型雇用を根本から変革することは困難だった」（小熊英二《おぐまえいじ》『日本社会のしくみ　雇用・教育・福祉の歴史社会学』講談社現代新書）とある。これまでの社内等級を見直すために成果主義を導入しても、そこで得られた成果が、再び社内等級のために用いられてしまうのだ。価値づけを社内等級に変化させる人間は、とにかく既存の仕組みを保持しようと試みる存在だから、となれば、成果主義の意味はたちまち無効化してしまう。再び小熊の著作から引くと、「部下の成果を評価するはずの中高年の管理職層は、発想の転換ができなかった。城《じょう》（繁幸《しげゆき》・引用者注）によると、『二〇〇〇年度に（富士通の・引用者注）事業部長クラスに対して、「二一世紀の若者に求める素質」というヒアリングをかけたところ、「体力と根性」という回答をしてきた事業部長が一人や二人ではなかった』という」。まだまだ、「やれ！」に対する「はい！」を求めている。

今、企業が社員に問うてくるのがコミュニケーション能力や主体性だが、それは自発性ではなく、黙々と従うこと、言われたことを黙ってやることにまだまだ力点が置かれている。中高年の管理職層の態度は変わらない。そのままの立場を維持するために、下にあくせくしてもらう。グレイソン・ペリーは、『男らしさの終焉』（小磯洋光《こいそひろみつ》訳、フィルムアート社）で、白人・ミドルクラス・ヘテロセクシャルの中年男性を「昔から自分のウェイトよりはるかに上の階級で戦うことのできる集団」として「デフォルトマン」と名付けた。あるいは、「昔ながらの男性性に疑問をもたず、社会の変化に適応していない男性」を「オールドスクールマン」と名付けた。「体力と根性」って、既存のものの打破のために使われるものだが、権威的な男性社会のなかでは、階級の維持のために使われる。事細かに分析されることなく、「デフォルトマン」や「オールドスクールマン」は、その場にいつづける。採用面接にやってくる女性が、こっちの好みを察してポニーテールで来てくれる限り、自分たちの立場は安泰なのである。

とにかく「いる」

小説の中に記されてきた「オフィスラブ」を体系的に分析し、そこから日本社会特有の労働と恋愛のあり方を探求した『なぜオフィスでラブなのか』（堀之内出版）の著者で、日本国家公務員労働組合連合会の職員でもある西口想《にしぐちそう》さんに、人事について話を聞いた。

オフィスラブ、という、口に出すと何だか小っ恥ずかしく感じる言葉には、職場内での権力の有無が色濃く反映されていた。かつて、働く女性は、「旦那」さん探しのために短期間だけ働く存在とされた。ようやく結婚や出産を経ても働ける社会になりかけているとはいえ、たとえば、正社員の年上男性と派遣社員の年下女性による不倫が破綻すれば、当然のように派遣社員の女性が切られ、男性のほうは何事もなかったことになる。年上男性は、だってそういうものでしょう、と思っている。「オールドスクールマン」だ。オフィスでラブをすると、ラブと人事が天秤にかけられる。つまり、私的なことと公的なことが天秤にかけられ、公私を調整できる側によってそのラブの事後処理を握られる。

人事って、マッチョだ。人事権を持つ人に呼び出され、「おい、〇〇、おまえの希望通り、△△部に移ることになったぞ」と言われ、「本当ですか、ありがとうございます！」と頭を下げる。不思議な話である。別にその人に頭を下げる必要はない。会社が総合的に判断し、適材適所で辞令を発令する。しかしながら、この「オレが異動させてやったぞ」感がいつまでも保たれる。

西口　そうなんです。人事が好きなオジサンたちは、あたかも「人生ゲーム」のように、キャッキャッと騒ぎながら人事を楽しんでいますよね。とりわけ、女性は就職活動の時点から、その権力構造を感じることになります。オジサンだけじゃない。このところ（取材は二〇二〇年）、就活セクハラが問題になっていますが、報道されている加害者は比較的若い社員ですよね。ある意味で、人事権を持っているオジサンたちの模倣をしているのではないかと感じます。日本の正社員の多くは、就職する時点ではどんな職務に就くかが明記されていない「メンバーシップ型」雇用だと言われます。必要とされるスキルや経験が明確でないまま、採用プロセスだけでなく、入社後も会社の強力な人事権のもとで働き続ける。なぜその人が異動や昇進をしたのかが全社的には見えにくいシステムです。神のみぞ知る、というか、ブラックボックス化していくわけですが、そこには人事を楽しむ男たちがいる。

ブラックボックス化していく中で、なぜ男性ばかりが吹き溜まるのだろう。

西口　男性が出世しやすいのって、ずっと、そこにいてくれるからなんですよね。「いたこと」「いつづけること」が評価される日本の労働社会は、基本的に減点方式だと思います。体を壊していないだとか、休業していた期間がないだとか。冠婚葬祭の時にもしっかり顔を出し、平日の飲み会はもちろん休日のゴルフコンペにも来てくれる、つまり常にどこにでもいることが暗黙裡《あんもくり》に評価されていく。それゆえ、そういうところに顔を出すことに命をかけるようになるんです。

当然だが、こういう仕事の仕方では、マチズモが濃厚になる。その濃さ・薄さが人事にも繫がる。子育てをしている女性は休日のゴルフコンペには行けない。でも、行ける人がいる。そうか、来てくれたかと評価する人がいる。さすがにここまで単純ではないだろうが、この構図は端々に残っているし、残そうとしてくる。

西口　結局、自分がいない時に何を話しているかが気になるから、休めないんですよ。いない人の批判をしている、となれば、いる時には批判が出ない。いると評価が下がらないんです。なにか問題があった時に、いる、いた、を理由に評価される。ここには、国策や経済情勢の急変に機敏に反応することで生き延び発展してきたという、日本の近代化の歴史も影響しているように思います。でも今、このコロナ禍でそういう人たちが動揺しています。なぜって、リモートワークですから。いる、が自明ではなくなりつつあります。

会議室で配られた資料を見て、何か意見をするわけでもなく、うなずいたり、顔をしかめたりするだけで「いる」をアピールしてきた人は、今、それができずにいる。もちろん、リモートワークになったからといって、マチズモが薄まるとは限らない。家にいるならいつでも繫がるだろう、となれば、子育て中の女性などはおおいに困るし、逆に会社に「いる」人たちは、家でも「いつづけること」ができる。

西口 いる、が揺さぶられているんです。これまでのこの連載も読ませてもらいまして、体育会／部活を扱った回も読んだんですが、部活って、労働社会とパラレルになっていますよね。ほら、部活も、毎日来る、言われたことを淡々とやる、が、やたらと評価されるじゃないですか。武田さんが書いていた、絶対に取れない位置に投げられたボールに飛び込んでいく練習、私の高校のバレー部もやってました。極端な例だと、商社マンは今もそういう人事制度の中で働いていますよね。彼らは「来月から海外に行け」みたいな無茶苦茶な命令を前にしても、それを飲み込む。だから有名大学の体育会が就職で圧倒的に強い。結婚相手の仕事がどうだとか、家族やパートナーとの関係性なんて考慮されません。むしろ「海外赴任を支えてもらうために早く結婚しろ」と、自分もそうしてきた上司がアドバイスをする。突然の人事によって、パートナーの生活まで激変してしまうんですよね。公務員にも同様の人事慣行が残っています。

若い男性の中には、さすがに「自分の仕事の都合で女性について来てもらう」という判断を嫌がる人も増えてきている。各地を転々とすれば、当然ながら、パートナーのキャリアはズタズタになる。その中に、「いや、うちの嫁、どこでもついて来るって言っているんで！」と頷く男がいれば、その男は「いる」だけで重宝される。人事によって、男女格差が再生産されていく。

西口　そういう職場って、しんどさをエンタメ化することで耐え忍ぼうとしがちです。そこが余計しんどい。「タフさ」を前提に男同士のおっちょこちょいを共有するんです。そうして通過儀礼的にイジり合っているうち、そもそもの仕組みを疑うようなオピニオンは持つな、という思考になる。これまでの人事モデルをそのまま踏襲してもらうことが、自己の権威づけ、正しさの証明にもなる。でも、人事権を持つって、会社から権力を一時的に借りているだけであって、「俺様モデル」が現在の会社にとって最適解とは限らないですよね。それなのに、借りる、ではなく、ゲットした、俺が正しかった、俺の番がきた、と考える人が多い。部活で偉そうにしているOBもそんな感じでしたけど。

どんな仕事をするかではなく、どのように仕事場に「いる」かを優先させれば、労働生産性なんて高まるはずがない。

西口　このモデルだと、「自分がいない」状態は組織人にとって不安なわけです。一般に企業は効率性を追求するものとされ、日本の製造業などはボトムアップ型の「改善活動」で世界的にも有名です。一方で、日本で働くホワイトカラーの男性たちは「いるのは強いよ」ということを肌身で感じているので、自分がいなくてもまわる状態＝効率化を本音では恐れてきたのかもしれません。そこには深刻な矛盾が見え隠れします。

『ゼクシィ』と「神」

三、四章でも触れたが、入閣待機組という、この上なく滑稽な言葉がある。当選回数は多いが、これまで入閣した経験を持たない与党議員のことをさす。日本の労働環境の縮図のような状態だ。安倍晋三首相が辞意を表明する前、体調を見ながら小幅の内閣改造を行うのではないかとの予測が出ていた頃、この入閣待機組がやきもきし始めていた。こんな記事が残っている。

党関係者は「待機組をある程度消化しないといけない」と改造に期待する。待機組のある一人は「今度の改造で入閣できなければ選挙区を歩くことができない」と漏らす。

（時事ドットコムニュース・二〇二〇年八月二四日）

知ったこっちゃないが、こうして、待機＝とにかくずっといる、がマジで評価されている社会なのだ。成果主義がなじまないのも当然である。取り入れたところで、閉塞的な構造のなかで受け止められる。なにかをするより、いる、が評価されてしまう。

そうではない会社も増えてはきている。キャリアも性別も問わず、成果をシビアに査定し、社内の人事を円滑にしようと試みる会社もある。知り合いのつてをたどり、とある大手企業の人事部で管理職を務める女性・山本さん（仮名）に話を聞いた。先述した、自分が会社員時代に経験した「人事ＦＡＸ」について告げると、苦笑いを浮かべながら、こう切り出した。

山本　私たちの会社では、人事異動の情報はウェブでアップされますし、そもそも異動の頻度も高いんです。一〇年以上前は、人事異動は年に一回のイベントで、何十ページもある人事一覧を見るような慣習がありました。長らく成果主義を導入していて、社員それぞれのアウトプットを大切にしています。社長に外国人が就任し、経営陣もグローバルになってきているので、シビアに成果が見られるようになりました。リーダーシップをとり、成果を明確にし、連携をしっかりとる。評価の仕方も変わりますし、期初に想定されていたゴールも状況の変化に合わせてすごい勢いで変わっていくこともあります。その代わり、必要な時に必要なだけ会話をしていくようにして、人事を含め会社の決定事項の透明性をはかっています。

出版界に生息していると、人事って、どうも適当なんじゃないか、誰かの思い込みや思い入れで決めているんじゃないか、と思っているところがありまして……と愚痴ってしまう。

山本　自分たちのキャリアは自分たちで切り開いてください、と言っています。自分が入社した二〇〇〇年代半ばのころは、会社に入った女性は数年で結婚して辞めるのが普通だったんです。今でも思い出すのですが、入社してすぐ、女性の先輩に連れられて営業車に乗ると、そこに『ゼクシィ』が置いてあったんです。その先輩が結婚して退社される間際だったこともありますが、それがとにかく衝撃的で……でも、女性社員はこういう流れが当たり前、という空気がありました。辞めずに一〇年間働いている女性は、「神」なんて呼ばれていましたから。

女性の社会進出が進むと、その裏側で妬む男性が出てくる。どの世界でも同じだ。でも、それって裏側ではなく、表側の焦りである。つまり、ただ実力が足りていないだけだ。

山本　同じレベルの人であれば、女性を採用・登用しよう、という方針でやっています。男性の中には、次は自分だと思っていたのに、という人もいるようですが、そういう場合には、「昔だったらどうでした?」と聞きます。昔は、ただ男だから、という理由でキャリアをアップさせていたはずです。昔から比べたら、平等でしょう。加えて、人事を決めるときはひとりでは決められません。様々なリーダーシップをもつ人が判断して決まります。日本企業では、立場が一度上がるとなかなか降格することはありませんが、成果が出せないと容赦無く降格することになります。あの頃のほうがよかったと言う人には、「何がよかったんですか?」と聞きます。そういう人は、残念ながら、自分がついていけない、というのがほとんどなんです。自分より若手が出世してヘッドになることもありますが、そのポジションにつく人に対するやっかみはなく、皆、納得しています。

なるほど、そんなに明確なものなのか、と思いつつも、自分の脳裏に残る諸先輩方を思い返すと、やはり、ただただ「いる」ことに力を尽くす人たちのやっかみがないはずはない、と想像してしまう。

山本　システムが一気に変わりましたからね。あと一〇年足らずで定年を迎える世代には、キャリアの最終コーナーに新しくハードルを設けられた、と感じている人もいるのかもしれません。ただし、私たちは、スタート地点にいる人たちを大切にしないといけないと思っています。その思いを共有できれば、最終コーナーにいる人とも同じ目的に向かって仕事をしていくことができます。

削り取るしかない

自分が働いてきた環境とはあまりにも異なるので驚きも多いのだが、キチンと説明を尽くせば、納得してもらえるのだろう。そんな説明すらなく、なんとなく発動する強固なマチズモによって、自らの動きを制限されている人たちがたくさんいる。

人事によって女性が身動きがとれなくなる、という変わらぬ現実は、とても象徴的だ。人の可能性を潰し、摘み取る。自由な動きで可能性を追求するためには、自分のところを通ってからにしてほしい、と偉そうにそびえ立つ。その存在こそが不自由なのだが、そういうものだと思っている人たちは、その場を退こうとしない。あと一〇年働くのであれば、あと一〇年、それが続くのを望む。強制的にどかす仕組みを提示すると、昔はよかったとか、ゲタを履かせた女ってどうなんだ、などと言い始める。

既視感がある。というか、本書を通じて、何度も同じようなことを書いてきた実感がある。この社会に充満しているのは、「そういうことになっているから、そういうことにしておけ」である。とにかく、現状維持を欲する。保身がそうさせる。実は、とっても不安なのだ。裏に回ると、その背中は怯えで震えているのだ。怯えているのに、居丈高なのだ。自分たちが割を食わないように目を光らせている。社会や組織が自分を守り続けてくれることを願っている。そこで潰されてきたのは間違いなく女性である。編集者Kさんが「一体いつになったら、私たち（女性たち）は楽になるのか」というメッセージを今まで引っ張り続けているのはなぜなのか。ちっとも変わらない、とKさんは思っている。

これだけやってきたのに、変わらないのだ。でも、変わらないな、という憤りを保たなければ、マジで変わらない。マチズモを削り取るための有効な方法はないし、すぐに改善はできないけれど、このまま続けていくしかない。体系的にではなく、ひとつひとつ、目の前のことに突っ込んでいくしかない。ただ、本書を通じて、削り取るべき対象は見えたと自負する。自己肯定するようだが、それはなかなか有意義だ。ここから削り取るしかない。

おわりに

ジェンダーについての問題が取り沙汰されると、問題を起こした主体への疑問や苦言を、「でも、自分にだってそういう一面があるし……」などと言いながら、引き下げてしまう光景を見かける。どうしてそうなっちゃうかな、と思う。そういう一面を確かに感じながら、自分なりに受け止めながら、その上で疑問や苦言を投げることは許されないのだろうか。この本を書きながら、何度もそう感じた。

痴漢を問題視すると、「あたかも男がみんな痴漢みたいな扱いをするな」と怒る人がいる。そんなこと誰も言ってない。あなたを指差しながら問題視しているわけではない。「男性」が批判されると、こうして、すぐさま、個人の領域に踏み込まれた、と嫌悪する人がいる。なぜ自分が「男性」を代表しているのだろう。もしくは、「男性」という枠組みはどこかで一蓮托生だと思っているのだろうか。

個人として考える。個人の経験を振り返る。社会の問題として捉える。この社会の将来のために問いかける。これらはすべて連動している。同時に、すべて異なるものでもある。

日々、切り替えながら考え、そして重ね合わせながら考えてきたはず。それなのに、本書で取り上げた「マチズモ」の場面では、なぜか、ものすごく適当に一緒くたにされてきた。男性個人として考える。男性個人の経験を振り返る。社会の問題としてジェンダーを捉える。この社会の将来のためにジェンダー平等を問いかける。個人で考えて、考えを重ね合わせていく。これができない。「なんか最近、ちょっと言うだけですげー叩かれるじゃん」。こんな感じで、身勝手に、ひとつの塊にしてしまう。結果、社会に残る理不尽を見つけ、ひとつずつ問題点を指摘し、その改善の道を探っている人たちの取り組みを軽視してしまう。

社会の構造上の問題点を指摘されただけで、男性の自分が悪いと言われたと苛立ってしまうのは、社会は男性が動かすものだと思っているからなのだろうか。別にあなたのことを言っているわけではないのに、なぜかあなたが怒り始めたという場面を、よく見かける。その一方で、この話題は自分に関係ないからどうでもいいや、と声に出さない人も多くいるのだろう。私という個人は社会ではないが、社会は個人の集積である。ジェンダーにまつわる問題を前にすると、自分も含め、社会を生きる男性という個人の多くがバグってしまうのはなぜなのか、との疑問があった。国家権力を根気強く追及する物書きでも、日常で起きたちょっとしたエピソードを柔らかく丁寧に書く物書きでも、その手の問題になると、「なんか最近、ちょっと言うだけですげー叩かれるじゃん」で終わらせようとする。いつものしつこさや慎重さが吹っ飛ぶのだ。

個人として、当事者として、第三者として、社会の問題を考えるとは、どういうことなのか。ジェンダーについての問題で、とりわけ男性が問いに答えようとしてこなかった。この本が回答だ、とは思わないが、回答しようとするプロセスを複数盛り込んでみた、とは言える。様々な場に出かけ、多くの人に話を聞き、マチズモの在り処を探し当て、こびりついた問題点を削り取る作業を繰り返すと、社会の問題と自分の問題が浮き上がってきた。それらは、混ぜる前のドレッシングのように分離していたり、あるいは混ぜた後のドレッシングのように境目がなくなったりする。どちらが重要、こっちのほうが問題、ではない。どちらも重要で、どちらも問題である。混ざる前の「個人」と混ざった後の「社会」、その両方を考えないと、すぐに「なんか最近、ちょっと言うだけですげー叩かれるじゃん」が顔を出す。あれが出ると、世の中の構造はそのままになる。

政治家の女性蔑視発言が問題視されると、①発言の全体を読めばそんなことはない、②仲間内で言っただけ、③男性蔑視はスルーするくせに、④発言は確かに問題だけどこれで彼のキャリアを潰してもいいのか、といった擁護が並ぶ。この四種類が必ず並ぶのだ。共通項はなんだろう。「この社会はやっぱり男が動かすべきだ」という前提の保持ではないか。それくらいのことで……なんて言う。それくらいがどれくらいかを決めるのは、その蔑視を受けた側であるべきだが、投げつけた側に乗っかり、とにかく矮小化する。小さく見せる。

マチズモと聞けば、力ずくで突破するイメージが頭に湧くだろう。駅構内で女性だけを選んでぶつかる男性など、あからさまなものもあった。しかし、この社会に残存するマチズモは決して強い力が露出しているとは限らず、もっと、せせこましい、できればこのままバレずにいてくれれば、自分たちは心地よくいられるのに、という類いのものも多かった。

「問題だとは思うけど、自分たちの心地よさを保ちたくって」という内心が、「問題だとは思うけど、別の問題もあるよね」という回避につながる。男性である書き手の自分が、主に男性の問題であるマチズモを考察する、という型にとらわれすぎた部分もあったかもしれない。しかし、その型に体を押し込めることによって、壁の固さや、意外なところに空いている通気孔や、そこにいる人の鼻息を感じられた。この本に解決策が並んでいるわけではない。全体像を提示できたわけでもない。でも、削るならここからだな、という問題をいくつも突き出せたのではないかと思っている。自分には関係ない、ではない。もう関係しているのだ。それを知らせたかった。

読んでいただいた方にはおわかりの通り、本書は、編集者Kさんの怒りがなければ、始まりもしなかったし、終わりもしなかった。打ち合わせをする度に、「砂鉄さん、こないだの〇〇の〇〇、あれ、本当に〇〇だと思うんですけど」と、正確には文字に起こさないほうがいい言葉を駆使しながらぶつけてくれたからこそ、この本ができた。Kさんの怒りと私の怒りを混ぜ合わせ、今、そこに残っているマチズモを捉えていく作業は、古い価値観を壊し、新しい価値観を構築しようと試みる作業になった。視界が広くなった感覚を何度も得た。皆さんにもその感覚がお裾分けできていれば嬉しい。ということで、最後に、編集者Kさんこと岸優希さんに感謝します。ありがとうございました。

二〇二一年五月

武田砂鉄

初出「すばる」
二〇一八年九月号、一一月号、
二〇一九年一月号、三月号、五月号、七月号、九月号、
二〇二〇年一月号、三月号、五月号、九月号、一一月号

単行本化にあたり、加筆・修正を行いました。

武田砂鉄　たけだ・さてつ
1982年、東京都生まれ。出版社勤務を経て、2014年よりライターに。
『紋切型社会——言葉で固まる現代を解きほぐす』で
第25回Bunkamuraドゥマゴ文学賞受賞。
他の著書に『日本の気配』『わかりやすさの罪』『偉い人ほどすぐ逃げる』などがある。
週刊誌、文芸誌、ファッション誌、ウェブメディアなど、さまざまな媒体で
連載を執筆するほか、近年はラジオパーソナリティとしても活動の幅を広げている。

マチズモを削《けず》り取《と》れ

2021年7月10日　第1刷発行
2021年9月27日　第4刷発行

著　　者　武田砂鉄《たけださてつ》

発 行 者　徳永 真
発 行 所　株式会社集英社
〒101-8050
東京都千代田区一ツ橋2-5-10
電話　03-3230-6100（編集部）
03-3230-6080（読者係）
03-3230-6393（販売部）書店専用

印 刷 所　大日本印刷株式会社
製 本 所　加藤製本株式会社

定価はカバーに表示してあります。

ISBN 978-4-08-771749-5　C0095